水泥稳定碎石基层分层施工与全厚式施工对比

单机摊铺，表面混合料分布均匀

双机摊铺表面离析严重

水泥稳定碎石基层分层施工芯样

水泥稳定碎石基层全厚式施工芯

水泥稳定碎石基层分层施工芯样

水泥稳定碎石基层全厚式施工芯样

水泥稳定碎石基层全厚全幅施工

沥青面层双机联铺与“中大”摊铺机单机全幅摊铺效果对比

双机联铺摊铺效果

DT1800 摊铺机单机全幅摊铺效果

DT1800 摊铺机单机全幅摊铺雨后效果

双机联铺雨后效果

云南安楚 7 标采用“中大”DT 抗离析摊铺机全幅摊铺通车 8 年后照片

云南安楚其他标段采用进口摊铺机并机摊铺通车 6 年后照片

大厚度施工芯样

分层施工芯样

PowerDT1800“变形金刚”超级摊铺机过隧道不用拆机

半刚性基层沥青路面大厚度全幅施工技术

吕小武　刘　静　魏金彬　刘广武　史鹏飞　著

张红春　王前东　张圣建　田　莉　审

人民交通出版社股份有限公司
China Communications Press Co.,Ltd.

内 容 提 要

本书上篇介绍沥青路面力学性能分析、沥青混合料压实试验、沥青混合料压实特性的分析等，并结合试验段详细介绍了沥青混凝土路面大厚度全幅施工的实施方案；下篇介绍水泥稳定碎石基层全厚式施工技术研究、施工关键环节、配套的施工机械、原材料管理、抗离析研究等。

本书可供从事高速公路建设的管理人员、施工人员及监理人员使用，亦可供高等院校相关专业师生参考学习。

图书在版编目(CIP)数据

半刚性基层沥青路面大厚度全幅施工技术/吕小武等著. —北京：人民交通出版社股份有限公司，2015.12

ISBN 978-7-114-12651-2

Ⅰ.①半… Ⅱ.①吕… Ⅲ.①半刚性基层—沥青路面—工程施工 Ⅳ.①U416.217

中国版本图书馆 CIP 数据核字(2015)第 282891 号

Bangangxing Jiceng Liqing Lumian Dahoudu Quanfu Shigong Jishu

书　　名：半刚性基层沥青路面大厚度全幅施工技术
著 作 者：吕小武　刘　静　魏金彬　刘广武　史鹏飞
责任编辑：赵瑞琴
出版发行：人民交通出版社股份有限公司
地　　址：(100011)北京市朝阳区安定门外外馆斜街 3 号
网　　址：http://www.ccpress.com.cn
销售电话：(010)59757973
总 经 销：人民交通出版社股份有限公司发行部
经　　销：各地新华书店
印　　刷：北京市密东印刷有限公司
开　　本：787×1092　1/16
印　　张：11
插　　页：2
字　　数：261 千
版　　次：2016 年 1 月　第 1 版
印　　次：2016 年 1 月　第 1 次印刷
书　　号：ISBN 978-7-114-12651-2
定　　价：28.00 元

前　言

改革开放30多年来，是我国公路历史上交通发展速度最快、规模最大、最具活力的时期，高速公路建设从1984年国务院正式批准京津塘高速公路建设开始，拉开了序幕。1988年我国大陆第一条高速公路沪嘉高速公路建成通车，填补了我国无高速公路通车的空白。从1996年开始，我国高速公路进入快速发展期，截至2015年年底，我国高速公路通车总里程突破12万公里，跃居世界第二位。不到20年时间我国走完了发达国家百余年的高速公路发展历程。

高速公路的快速发展，极大地提高了我国公路网的整体技术水平，优化了交通运输结构，对缓解交通运输的"瓶颈"制约发挥了重要作用，有力地促进了经济发展和社会进步。但在这些已经建成高速公路的沥青路面中，由于种种原因，高速公路沥青路面在使用期限内往往过早出现一系列问题。例如，沥青路面炎热季节在重车作用下造成的车辙、推拥的永久变形；冬季低温开裂和半刚性基层的反射裂缝；在雨季及春融季造成的坑槽、松散等水损坏破坏；路表抗滑性能的迅速下降以及局部龟裂等。路面破坏比较严重，一些高速公路建成通车后不久，短的几个月，长的3~5年就不得不进行大面积维修，达到设计使用年限15年的沥青路面结构并不多见。

我国沥青混凝土路面设计以弯沉为设计指标，应用多层弹性理论用计算方法确定路面厚度，并对层底拉应力进行验算。这一路面设计理论体系与世界发达国家的路面设计方法相比是很先进的，但是这里有一个前提假设是"层间接触条件为完全连续体系"。而实际施工是路面按三层施工，尽管采取了封层、黏层等措施，路面层间连接仍是薄弱环节，不可能是完全的连续体系。路面施工往往在通车前，各分项工程交叉施工无法避免，层间污染非常严重，分层施工后层间连接不能形成嵌锁，造成了路面层间滑动。由于设计与施工的不配套，尽管理论设计出的路面是完善的，但施工达不到理想的设计要求，做成的路面与理论设计存在差距，发生早期破坏就不足为怪了，所以高速公路路面不分层施工或尽量减少分层施工层数是摆在我们面前的现实课题。

我国的半刚性基层设计厚度一般为30~40cm，由于受机械能力的限制，摊铺机无法满足全厚式摊铺，压路机无法满足20cm以上厚度的水泥稳定碎石基层的压实要求，所以，长期以来，水泥稳定碎石基层一直采用分层并机摊铺。该施工方式的缺陷显而易见，上下基层粘接不牢、平整度差、纵向接缝连接部位处理困难、施工效率低等问题无法避免。陕西中大集团致力于解决水泥稳定碎石基层分层并机摊铺的问题，以期从设备方面入手，实现半刚性基层的全厚式施工。该集团首先对国外进口大宽度摊铺机进行研究，发现了摊铺时产生离析的诸多原因，通过采取一系列的措施成功解决了基层全幅摊铺离析难题和摊铺厚度问题。研究经历了如下几个阶段。

(1)探索阶段

通过不懈的努力和探索，于2002年推出第一代DT1300摊铺机，摊铺宽度13m，摊铺厚度40cm(压实后30cm左右)。

(2)改进阶段

由于摊铺厚度受限，基层全厚式施工推广受到限制，接着中大集团通过对第一代摊铺机进行改进，2004年推出第二代DT1400摊铺机，摊铺宽度为14m，摊铺厚度达到50cm，能满足双向四车道高速公路路面基层全厚式全幅施工要求。

(3)推广阶段

随着我国高速公路的发展，高速公路等级不断提高，新修建的高速公路一般由双向四车道增至为双向六车道高速公路，为了适应这一新形势的需要，中大集团及时推出DT1600摊铺机(第三代)，摊铺宽度为16m，能满足双向六车道高速公路基层全幅施工要求；最大摊铺厚度增至60cm(碾压后为42~45cm)，能满足我国半刚性基层的厚度要求。为解决现有压路机碾压能力与大厚度摊铺不匹配的问题，中大集团又开发了配套的32t单钢轮振动压路机，静压力32t，激振力最大可达81t，解决了过去大厚度施工时压实机械压实能力不足的问题。

(4)提高阶段

近期我国高速公路进入了大面积加宽时期，为满足单向4车道摊铺的需要，中大集团又及时推出DT1800摊铺机(第四代)，摊铺宽度为19.5m，能满足单向四车道高速公路沥青路面和基层大厚度全幅施工要求。中大集团又对配套的压实机械进行升级换代，开发YZ36超重吨位超大激振力大力神压路机、YL37超大吨位液压传动和控制的轮胎式压路机、YZC13/17超大吨位、变质量、无级调频、多振幅双钢轮压路机。

超级压实机械的配套，不但满足了水泥稳定碎石基层全厚全幅施工的需要，又扩展到沥青混凝土路面和路基大厚度施工，实现了20cm沥青碎石一次摊铺成形一次碾压完成，以及填石、填土路基大厚度施工和路基补强施工。

陕西中大集团在大厚度基层（包括面层）施工技术方面走在世界先进行列，其配套的DT系列摊铺机和大吨位液压单钢轮振动压路机、大吨位液压双钢轮振动压路机为国内外唯一能满足半刚性基层沥青路面大厚度全幅施工的路面工程机械，为振兴国产筑路机械产业树立了榜样。

水泥稳定碎石基层全厚式施工解决了并机分层摊铺的诸多问题，代表未来水泥稳定碎石基层施工的发展方向。工程实践表明，施工中只要控制好关键技术，水泥稳定碎石基层全厚式施工能够达到理想的效果。

目　　录

第一篇　沥青路面大厚度全幅施工技术

第二篇 水泥稳定碎石基层全厚全幅施工技术

第一篇

沥青路面大厚度全幅施工技术

第1章　绪　论

1.1　问题的提出

近十多年来，伴随着我国综合国力的全面提升，我国陆路、航空、水路交通建设实现了历史性跨越，高速公路建设成就尤其令世人瞩目。从1988年我国大陆第一条高速公路——沪嘉高速公路通车开始，经过20年的发展，到2011年年底全国高速公路通车里程接近8.5万km，高速公路总里程位居世界第二位。有21个省区市高速公路里程超过2000km，其中，河南、山东两省突破5000km，江苏、广东两省突破4000km，河北、浙江、云南、湖北、安徽、陕西、江西7省超过3000km。

高速公路的快速发展，极大地提高了我国公路网的整体技术水平，优化了交通运输结构，对缓解交通运输的“瓶颈”制约发挥了重要作用，有力地促进了我国经济发展和社会进步。但在这些已经建成高速公路的沥青路面中，由于种种原因，我国高速公路沥青路面在使用期限内往往过早出了一系列问题。例如，沥青路面炎热季节在重车作用下造成的车辙、推拥的永久变形，冬季低温开裂和半刚性基层的反射裂缝，在雨季及春融季造成的坑槽、松散等水损坏破坏、路表抗滑性能的迅速下降以及局部龟裂等都在一些高速公路上显示出来。路面破坏比较严重，一些高速公路建成通车后不久，短的几个月，长的3～5年就不得不进行大面积维修，达到设计使用年限15年的沥青路面结构并不多见。

我国高速公路沥青路面的损坏所表现出的形式和特征是多种多样的，而促使路面出现损坏的原因是多方面的，总体可以分为客观因素和主观因素两大类。客观因素包括交通荷载因素（超载、重复加载、水平荷载）和环境因素（温度变化、湿度变化和冻融作用）。主观因素包括结构设计、施工、材料选用和养护管理等。在诸影响因素中，同一种影响原因可以引起不同形式的损坏，而同一种损坏形式可以由不同原因共同造成。如影响沥青路面低温开裂的原因除了沥青和沥青混合料的低温性能起主要因素外，还与沥青混合料的组成、沥青层的厚度、路面结构组合、沥青路面的施工技术、交通量、交通荷载、道路的使用年限、自然环境、养护维修等因素有关。《中国公路》杂志的一份调查问卷列出了引起道路早期损坏原因的权重，见图1.1.1。

根据图1.1.1显示的各影响因素所占权重，在众多因素中，路面结构设计不合理占据首要位置。道路结构设计不合理主要表现在以下几个方面。

一是沥青面层所使用的沥青混合料与其所处的层位功能要求不适应，导致沥青路面过早地出现车辙、开裂等破坏。

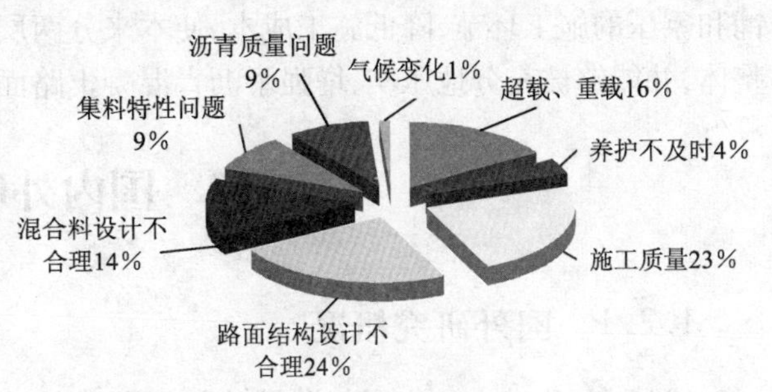

图1.1.1　路面早期损坏原因调查数据

二是路面设计与实际使用状态不相符,我国沥青路面采用双圆垂直均布荷载作用下的多层弹性层状体系理论,结构层间接触状态对于结构层受力状态有很大影响。计算资料表明,层间光滑与层间连续接触条件下,结构层底所受弯拉应力相差1倍以上。在路面设计中均按照层间完全连续接触条件进行计算,但由于结构层的分层施工,造成层间不完全连续甚至完全光滑接触,使路面实际受力状态恶化,加速了路面的破坏(拉应力的计算具体见第2章2.3节)。

三是路面结构单一并过于强调强基薄面,而半刚性基层对于荷载的敏感性造成其很快出现开裂,较薄的沥青面层随之破坏。

四是沥青层的分层施工时,由于摊铺层较薄,热储存能力低,会使沥青混合料较快地冷却,这样不仅使铺层之间不能充分粘合,而且容易出现温度离析而造成局部压实不足、空隙率较大,所有这些都会导致路面质量下降。

在我国最新制定的沥青路面施工技术规范(2004版)和设计规范(2006版)中,虽然都十分强调做好结构层结合的处理,但是都要增加施工成本,增加施工环节,不利于提高施工效率和保证施工质量。另一方面,近年来,我们逐渐接受了国外沥青路面的设计理念,高速公路沥青面层厚度逐步增大,不少地方的沥青面层厚度已达到20cm以上,其中不乏单层厚度在10~12cm的沥青混凝土或沥青稳定碎石结构层。如何做好这些厚层沥青混合料的材料组成设计和有效保证其施工质量,也正在成为大家开始关注的一个问题,因此开展厚层沥青混凝土面层修筑技术研究,对于解决上述这些方面的问题,有着十分重要的现实意义。

该课题的研究正是在这样的背景下提出来的,根据目前沥青路面设计与施工中存在的问题,结合筑路材料情况、交通状况、气候条件等,以厚层沥青混凝土面层修筑技术为突破口,开展有针对性、系统性的研究,使路面施工能够切实反映设计意图,解决沥青路面设计与施工相脱节的问题,并提高路面施工效率。这对指导沥青路面设计和施工、确保工程质量、加快工程进度都将起到积极的作用。由于技术上的保证,可有效提高沥青路面的使用品质(如减少路面开裂程度、提高耐久性和平整性、增大抗车辙能力等)和车辆行驶质量(安全性和舒适性),从而延长路面的使用寿命(约20%),降低路面运营养护费用。

对于沥青混合料的压实层厚,我国《公路沥青路面施工技术规范》(JTG F 40—2004)规定:沥青混凝土的压实层最厚层不宜大于10cm,沥青稳定碎石混合料的压实厚度不宜大于12cm,但当采用大功率压路机且经验证明能达到压实度时允许增大到15cm。该课题所研究的厚层沥青混凝土路面是指沥青混合料的一次压实层厚大于10cm,沥青稳定碎石混合料的一次压实层厚大于12cm的沥青路面结构层。厚层沥青混凝土路面修筑可以改变施工时逐层摊铺碾压成型,减少摊铺和碾压的施工环节,降低施工成本,使本来分两层摊铺施工的沥青混凝土结构层变成一个有机整体,并能够被充分地压实,增强了沥青混凝土路面结构的整体性,使其具有较好的受力特性。

1.2 国内外研究概述

1.2.1 国外研究概况

1995年,Dynapac公司与海曼基尔希那建筑公司一起在沥青路面建设上提出了复合式沥青混合料面层,即把上面两层两种不同组成的沥青混合料用一个双层摊铺机分层一次完成摊铺。由此,Dynapac 为铺筑复合式沥青混合料研制了一种新的路面摊铺设备——双层摊铺机。其工作原理是将沥青联结层(中面层 7cm)和磨耗层(4cm)同时摊铺完成,即"热 + 热"摊铺工艺。两层的摊铺成为一个连续均匀的过程,然后压路机一次完成两层的最终压实。这种技术改变了传统摊铺工艺在路面施工时逐层摊铺压实的方法,也是一项致力于在施工阶段全面提高质量并降低成本的新方法。

作为一项全新理念的沥青路面施工技术,两层同时摊铺施工,工艺紧凑、施工时间缩短有利于施工进度控制。在施工中应用双层摊铺机,遇到的最大困难不是摊铺而是碾压,由于上面层和中面层一次摊铺完成,碾压厚度达到 11cm,这对传统的沥青路面碾压施工工艺提出了严峻挑战。由于这种技术大大减少了分层摊铺施工中温度离析(由于热的沥青混合料与温度较低的下层接触导致),保证了沥青混合料压实均匀性,减少了结构层层底部分的沥青混合料的孔隙率,有利于提高其疲劳寿命。同时由于沥青结构层层间结合的改善,大大改善了其受力状态,因此预计采用此项技术至少可使道路使用寿命提高 1 倍。两层一起铺筑,还使作业时间减少了 50%。国外的有关研究表明,其不但可以提高施工效率,还可以将路面使用寿命提高 5 ~ 10 年。但由于工艺较复杂,摊铺机造价昂贵,需要辅助沥青混合料转运车,造成施工成本较高,目前尚未得到广泛的应用。

1.2.2　国内研究概况

在国内,由于经济基础及技术基础的特点所限,长期以来,各级公路大多采用半刚性材料修筑路面基层和底基层,并取得了良好的经济和技术效益。从 20 世纪 80 年代中期开始建设以高速公路为代表的高等级公路。1984 年开始设计京津塘高速公路,是第一条批准建设的高速公路,其沥青面层厚度设计方法受国外厚面层可减少半刚性基层反射裂缝的影响,面层厚普遍为 20 ~ 23cm,而且均是分为三层以上施工的,致使每一层的厚度较小,基本上不超过 10cm。我国"七五"期间及以后建设的高速公路的基层几乎全部采用了半刚性基层类型(水泥稳定类和石灰稳定类),面层通常采用上、中、下三层结构类型,其总厚度一般不超过 18cm(除京津塘和广深高速外),但我国高速公路路面结构有向厚层沥青路面发展的趋势,见表 1.1.1。

我国高速公路路面结构　　表 1.1.1

道路名称	上面层	中面层	下面层	通车年份(年)
郑洛高速	4cmAC-16I	5cmAC-25I	6cm 热拌 AM	1996
深汕高速	3cm 抗滑 AK	5cm 中粒式 AC	6cm 粗粒式 AC	1996
昆曲高速	4cm 中粒式 AC	5cm 中粒式 AC	6cm 粗粒式 AM	1996
连霍高速	4cm SMA-13	6cm AC-20I	7cm AC-25I	2001
驻信高速	4cm AC-16I	5cm AC-20I	7cm AC-25I	2003
沪宁扩建	4cm SMA-13	8cm Sup-20	8cm Sup-25	2004
通启高速	4cm SBS 改性 SMA-13	7cm SBS 改性 Sup-20	9cm Sup-25	2004
盐通高速	4cm SMA-13 或 AK-13S	6cm Sup-20 或 AC-20S	8cm Sup-25 或 AC-25S	2005
青银高速	4cm 改性 Sup-13	6cm 改性 AC-20	8cm AC-25	2005
西柞高速	4cm 改性 AK	6cm 中 AC	8cm 粗 AC	2006

续上表

道路名称	上面层	中面层	下面层	通车年份(年)
青莱高速	4cm 改性 SMA-13	6cm 改性 AC-20	8cmAC-25	2007
合六高速	4cm 改性 AC-13	6cm 改性 AC-20I	8cmAC-25I	2008
商界高速	5cm 改性 AC-16	6cm 改性 AC-20I	9cmAC-25I	2008
承唐高速	4cm 改性 AC-13	6cm 改性 AC-20I	12cmATB-25	在建

厚层沥青混凝土在路面结构中的应用研究也是近两年来才逐渐得到人们的重视,在实际工程中的应用很少,仅仅也是个别单位进行过室内试验研究和铺筑过试验段。

东南大学杨群进行了高速公路沥青稳定基层结构与设计方法研究,提出了沥青稳定基层沥青路面的设计指标和标准,进行了设计指标影响因素分析,提出了沥青稳定基层混合料的组成设计方法,并铺筑了试验路。葛折圣选出两种沥青稳定碎石级配,进行了应力控制的疲劳试验,研究其抗疲劳性能,并进行疲劳寿命预估。哈尔滨工业大学采用体积法分别设计了公称最大粒径为26.5mm、31.5mm 和37.5mm 的沥青稳定碎石混合料的级配,并进行了各级配混合料的强度性能试验、水稳定性试验、低温抗裂性试验以及贯入式重复加载试验。长安大学袁宏伟进行了沥青稳定碎石基层材料的研究,提出了混合料的设计方法和施工技术,并铺筑了试验路,证明了沥青稳定碎石基层沥青路面的低温抗裂性要优于半刚性基层沥青路面。易湘舒进行了多年冻土地区沥青稳定碎石基层混合料路用性能研究,提出了适用于冻土地区的沥青稳定碎石级配和混合料设计方法,进行了强度性能、抗冻性能、低温抗裂性和低温疲劳性能研究。

由此可见,我国对于厚层沥青混凝土面层的修筑技术研究比较晚,应该说目前才刚刚开始起步。

1.3 课题的意义及主要研究内容

1.3.1 课题研究的意义

我国沥青路面的病害往往是由于路面设计状态与实际工作状态相差大,路面结构单一,沥青面层厚度较小,并且结构层层间结合差,结构层受力条件恶劣所造成,因此课题的主要研究目的,就是在于将路面结构功能与材料特性相结合,将路面设计与施工技术相结合,使沥青混合料的路用性能特点与其层位功能相适应,使实际铺筑出来的沥青路面能够符合设计意图,解决分层施工中容易出现的层间结合差以及由于沥青混合料温度离析而导致局部压实困难、空隙率大等问题,提高沥青路面的施工质量和施工效率,减少沥青路面的早期破坏,延长其使用寿命。

同时,开展该课题的研究,也能够有效解决我国目前由于沥青层厚度增加,在相应的沥青混合料组成设计和施工方面所面临的一系列问题,对厚层沥青混合料的设计和施工提供有效的技术指导,具有非常重要的现实意义。

1.3.2 主要研究内容

通过课题组成员的研究讨论,并咨询有关专家的意见,确定了课题的主要研究内容。

采用弹性层状理论计算程序 Bisar,计算研究厚层沥青路面和正常厚度沥青路面的抗车辙力学性能、抗疲劳开裂性能,通过对比,显示厚层沥青路面结构的优越性能。分析研究厚层沥青路面的压实特性,通过对沥青混凝土压实性能的分析,确定具有良好压实性能的沥青混凝土的主要设计参数(CA 比、油石比、设计旋转压实次数)。最后对沥青混合料的路用性能进行研究,使选用的沥青混合料既能在层厚较大的情况下被有效压实,同时也具有良好的路用性能。主要研究内容具体包括以下五个方面:

(1)对沥青路面进行路面结构层受力分析。利用弹性层状理论计算程序 Bisar 计算分析半刚性基层沥青路面面层内部剪应力沿竖向的分布规律,同时对比不同路面结构在相同总厚度的条件下,不同结构分层对路面结构层内部剪应力沿竖向的分布规律的影响;利用弹性层状理论计算程序 Bisar 计算分析确定半刚性基层沥青路面面层内部拉应力沿竖向的分布规律,同时对比不同路面结构在相同总厚度的条件下,不同结构分层对沥青面层内部拉应力沿竖向的分布规律的影响,并分析厚层沥青路面结构对沥青路面抗车辙的影响和对沥青路面抗疲劳开裂性能的影响。

(2)沥青混合料压实试验。针对厚层沥青混凝土所采用的沥青混合料,选择不同的 CA 比、不同的油石比和不同的设计旋转压实次数三个因素,进行正交试验设计。采用 SGC 试件成型方法。对旋转压实试验结果(密实度)进行分析。对试验结果进行方差分析,确定以上三个因素对沥青混合料的压实度的影响程度,分析是否有必要对其进一步研究;对三个因素进行极值分析,以确定各种因素对沥青混合料密实度影响大小。

(3)进行混合料压实特性的研究分析。通过选择不同的 CA 比、不同的油石比和不同的设计旋转压实次数,采用 SGC 试件成型方法进行试验,试验时记录不同级配试件高度随压实次数的变化数值。通过对试验数据的处理,得出每一试件的密实度曲线。最后根据曲线确定 4 个参数 k_1、k_2、CEI、TDI 来评价沥青混合料在不同的 CA 比、不同的油石比和不同的设计旋转压实次数下的压实特性。据此确定厚层沥青混合料 AC-25 的最佳级配,该级配使厚层沥青混合料在施工阶段既能较易被压实,且在道路使用阶段又不易被追密而产生车辙变形。

(4)厚层沥青混凝土 AC-25 的路用性能评价。结合岭南高速公路路面结构的实际情况,根据 AC-25 沥青混凝土所在的层位特点和工程的具体情况,选择高温稳定性和水稳定性为主要指标,对 AC-25 沥青混凝土进行路用性能的研究,以确定其在工程应用中的可行性。

(5)厚层沥青混凝土施工工艺及质量控制技术研究。根据室内研究成果,通过修筑试验路,研究厚层沥青混凝土施工所需的机械配备(包括拌和、运输、摊铺、碾压)以及摊铺、碾压技术等对最终压实效果的影响,制订厚层沥青混凝土施工质量控制指标体系,并进行厚层沥青混凝土施工技术的经济效益分析。

第2章　沥青路面力学性能分析

本章将沥青路面结构分为正常厚度路面结构和厚层沥青路面结构两种,利用弹性层状理论计算程序 Bisar,分析、研究在沥青路面结构中,当沥青面层总厚度相同,而采用不同的分层条件下,沥青面层内部最大剪应力大小的变化、分布位置的变化及对沥青面层抗车辙稳定性的影响;沥青面层内部拉应力峰值大小的变化和分布位置的变化及对沥青面层抗疲劳开裂力学性能的影响。

2.1　高速公路沥青路面结构

该课题依托工程实体为河南省岭南高速公路(岭南高速公路主线起自平顶山、南阳两市交界处的分水岭,向南经南召东,于三亩湾北侧跨白河,于瓦踅附近跨312国道,止于王村乡张华岗村西侧,与上海至西安高速公路相连,全长约73.6km)。因此该课题结合岭南高速公路沥青路面结构,开展厚层沥青混凝土路面结构的研究,其生产路段和厚层试验路段的路面结构见表1.2.1。

河南省岭南高速沥青路面结构　　表1.2.1

层　位	正常厚度沥青路面结构		厚层沥青路面结构	
	结构类型	厚度(cm)	结构类型	厚度(cm)
上面层	AC-13	4	AC-13	4
中面层	AC-20	6	AC-20	6
下面层	AC-25	7	AC-25	14
联结层	ATB-25	7		
基层	5%的水泥稳定碎石	40	5%的水泥稳定碎石	40
垫层	4%的水泥稳定碎石	20	4%的水泥稳定碎石	20

2.2　沥青路面剪应力沿路面竖向分布规律研究

通过《公路沥青路面设计规范》(JTG D50—2006)和结合工程实际情况获得沥青混合料的材料参数 E、μ 后,采用弹性层状理论计算程序 Bisar,以正常路面厚度路面结构和厚层沥青路面结构为原型,分析沥青面层内部剪应力峰值大小的变化及分布位置的变化情况。

2.2.1　正常厚度路面剪应力分析

如图1.2.1所示,按照弹性层状体系理论,在正常厚度沥青混凝土路面结构中,沥青混凝

4cm　AC-13
6cm　AC-20
7cm　AC-25
7cm　ATB-25
20cm　6％水泥稳定碎石
20cm　6％水泥稳定碎石
20cm　5％水泥稳定碎石
土基

图 1.2.1　正常厚度沥青混凝土路面结构

土为弹性材料，其参数为 E_1、μ_1、E_2、μ_2、E_3、μ_3、E_4、μ_4；5% 水泥稳定碎石基层、4% 水泥稳定碎石基层和土基也均为弹性材料，它们的参数分别为 E_5、μ_5、E_6、μ_6、E_0、μ_0。在分析正常厚度沥青路面的剪应力时，各项参数如表 1.2.2 所示。

如图 1.2.2 所示为正常厚度沥青路面剪应力计算点布置图，双圆均布竖直荷载 $P=0.7$MPa，荷载圆半径 $R=106.5$mm。在 XOY 水平面内，O_1 点坐标为（-159.75,0），A 点坐标为（53.25,0），O_2 点坐标为（159.75,0），B 点坐标为（266.25,0），D 点坐标为（95.85,159.75）。

沥青路面剪应力计算各项材料参数　　表 1.2.2

混合料类型	材料参数	
AC-13	E_1（MPa）	μ_1
	1500	0.25
AC-20	E_2（MPa）	μ_2
	1300	0.25
AC-25	E_3（MPa）	μ_3
	1000	0.25
ATB-25	E_4（MPa）	μ_4
	1200	0.25
5% 的水泥稳定碎石	E_5（MPa）	μ_5
	1700	0.15
5% 的水泥稳定碎石	E_5（MPa）	μ_5
	1700	0.15
4% 的水泥稳定碎石	E_6（MPa）	μ_6
	1500	0.15
土基	E_0（MPa）	μ_0
	45	0.35

对于该课题研究中的正常厚度沥青混凝土路面结构，除将 AC-25 下面层和 ATB-25 联结层之间的接触条件分为完全连续和完全光滑两种情况考虑外，将路面其他各结构层之间均按照完全连续接触考虑。在对 AC-25 下面层和 ATB-25 联结层之间的接触条件分为完全连续和完全光滑两种情况下，采用弹性层状理论计算程序 Bisar 计算图 1.2.1 中正常厚度沥青混凝土路面的剪应力。确定图中 A 点、O_2 点、B 点、D 点作为计算点，计算各点以下沥青面层不同深度处计算点位的剪应力，即可分析出正常厚度沥青路面面层内部剪应力沿路面竖向的分布规律。

1）层间接触条件为完全连续

当 AC-25 下面层和 ATB-25 联结层之间的接触条件为完全连续时，由弹性层状理论计算程序 Bisar 计算得到正常厚度沥青路面剪应力分布情况，见表 1.2.3。

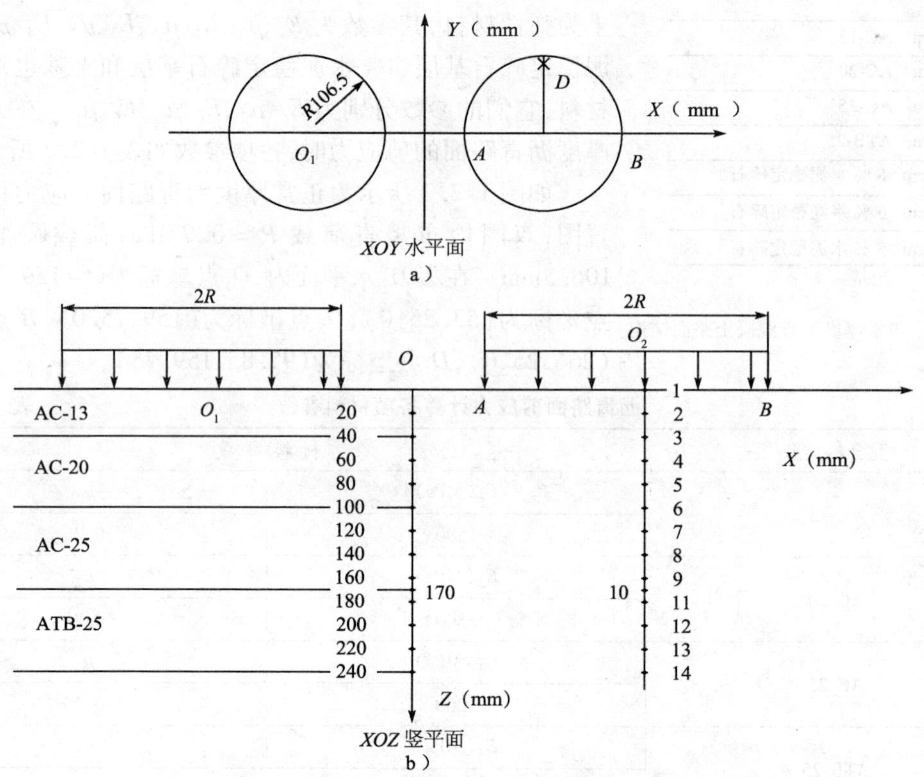

图 1.2.2　正常厚度沥青路面剪应力计算点布置图

完全连续的正常厚度沥青面层剪应力计算结果　　表 1.2.3

计算点编号	对应路面深度 Z 坐标(cm)	最大剪应力 τ_{max}(MPa)			
		O_2点	A 点	B 点	D 点
1	0	0.0489	0.1527	0.1110	0.0587
2	2	0.1401	<u>0.2330</u>	<u>0.2358</u>	<u>0.2382</u>
3	4	<u>0.2037</u>	0.1983	<u>0.2157</u>	<u>0.2311</u>
4	6	<u>0.2243</u>	0.1658	0.1961	<u>0.2097</u>
5	8	<u>0.2253</u>	0.1477	0.1729	0.1847
6	10	<u>0.2189</u>	0.1400	0.1466	0.1578
7	12	0.1803	0.1200	0.1304	0.1383
8	14	0.1566	0.1091	0.1161	0.1224
9	16	0.1338	0.0986	0.1045	0.1093
10	17	0.1227	0.0932	0.0998	0.1037
11	18	0.1193	0.0927	0.0945	0.0987
12	20	0.1035	0.0845	0.0857	0.0890
13	22	0.0887	0.0757	0.0786	0.0809
14	24	0.0744	0.0660	0.0735	0.0745

注：表内画线数据为该点沿路面竖向沥青面层内部最大剪应力 τ_{max} 的峰值。

由表1.2.3和图1.2.3可知,正常厚度路面面层内部A点、O_2点、B点、D点沿路面深度方向的最大剪应力τ_{max}均呈现出层中数值大、上下两头数值小的分布规律。当AC-25下面层和ATB-25联结层之间的接触条件为完全连续时,沥青路面对应各点沿路面竖向方向内部最大剪应力τ_{max}的峰值分布区域为路面深度2~10cm处。

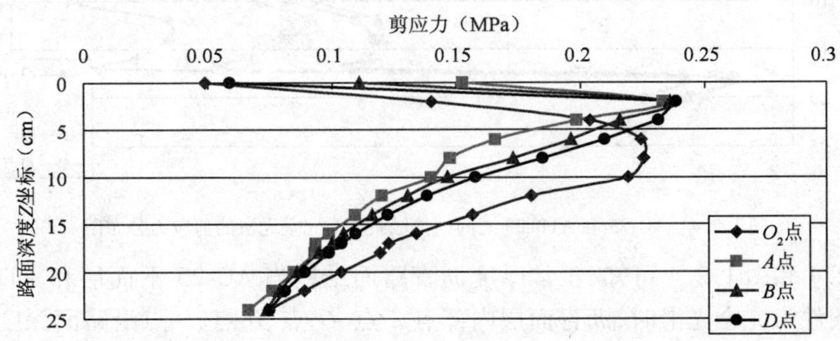

图1.2.3　各层之间为完全连续时的剪应力分布图

2)层间接触条件为完全光滑

当沥青AC-25下面层和ATB-25联结层之间的接触条件为完全光滑时,在正常沥青路面结构中,AC-25下面层和ATB-25联结层之间的接触条件为完全光滑接触,二者层间黏结系数取0。由弹性层状理论计算程序Bisar计算得到正常厚度沥青路面剪应力分布情况见表1.2.4。剪应力分布图见图1.2.4。

AC-25和ATB-25之间的接触条件为完全光滑的面层剪应力计算结果　　表1.2.4

计算点编号	对应路面深度Z坐标(cm)	最大剪应力τ_{max}(MPa)			
		O_2点	A点	B点	D点
1	0	0.0622	0.1665	0.1150	0.0785
2	2	0.1629	<u>0.2474</u>	<u>0.2470</u>	<u>0.2606</u>
3	4	<u>0.2337</u>	0.2171	0.2299	<u>0.2565</u>
4	6	<u>0.2597</u>	0.1891	<u>0.2099</u>	<u>0.2354</u>
5	8	<u>0.2716</u>	0.1952	0.1865	<u>0.2138</u>
6	10	<u>0.2786</u>	<u>0.2037</u>	0.1833	0.1944
7	12	<u>0.2403</u>	0.1857	0.1597	0.1685
8	14	<u>0.2397</u>	0.1946	0.1578	0.1616
9	16	<u>0.2526</u>	<u>0.2100</u>	0.1640	0.1646
10	17	<u>0.2662</u>	<u>0.2209</u>	0.1720	0.1715
11	18	0.0420	0.0278	0.0238	0.0226
12	20	0.0582	0.0346	0.0415	0.0410
13	22	0.0637	0.0393	0.0528	0.0522
14	24	0.0620	0.0434	0.0603	0.0593

注:表内画线数据为该点沿路面竖向沥青面层内部最大剪应力τ_{max}的峰值。

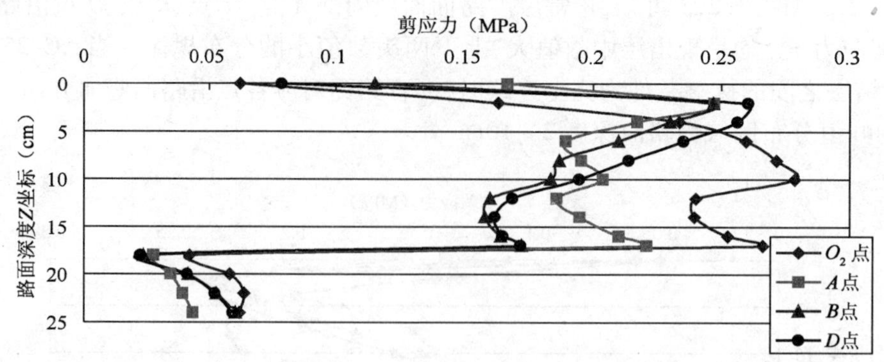

图 1.2.4　AC-25 和 ATB-25 之间的接触条件为完全光滑的剪应力分布图

由表 1.2.4 和图 1.2.4 可知，正常厚度沥青路面结构当 AC-25 下面层和 ATB-25 联结层之间的接触条件为完全光滑时，沥青面层内部点 A 点、O_2点、B 点、D 点沿路面深度方向各点的最大剪应力 τ_{max}均呈现出层中值大、上下两头数值小的分布规律。沥青路面对应点 A 点、O_2点、B 点、D 点沿路面竖向方向内部最大剪应力 τ_{max}的峰值分布区域为路面深度 2～17cm 处。

3）正常厚度沥青路面面层的剪应力分布规律

由以上分析结果可知，对于正常厚度沥青路面结构，当 AC-25 下面层和 ATB-25 联结层之间的接触条件由完全连续向完全光滑转变，沥青面层内部的最大剪应力 τ_{max}逐渐增大，这说明在工程实践中采取增强沥青面层各层间的结合能力的措施是非常有必要的，这样可以减小沥青路面面层内部的最大剪应力 τ_{max}，提高沥青路面的抗车辙性能。由于沥青面层所采用的材料类型不同，黏层油的黏结作用又十分有限，通过钻芯取样后会经常发现沥青面层间往往无法紧密黏结在一起。因此，研究中对于 AC-25 下面层和 ATB-25 联结层之间的接触条件按照部分连续考虑，其最大剪应力 τ_{max}和最大剪应力的分布区间均在完全连续和完全光滑之间。

2.2.2　厚层沥青路面的剪应力分析

如图 1.2.5 所示，按照弹性层状体系理论，在厚层沥青混凝土路面结构中，沥青混凝土为弹性材料，其参数为 E_1、μ_1、E_2、μ_2、E_3、μ_3、E_4、μ_4；5% 水泥稳定碎石基层、4% 水泥稳定碎石基层和土基为弹性材料，它们的参数分别为 E_5、μ_5、E_6、μ_6、E_0、μ_0。在分析厚层沥青路面的剪应力时，各项参数如表 1.2.2 所示。

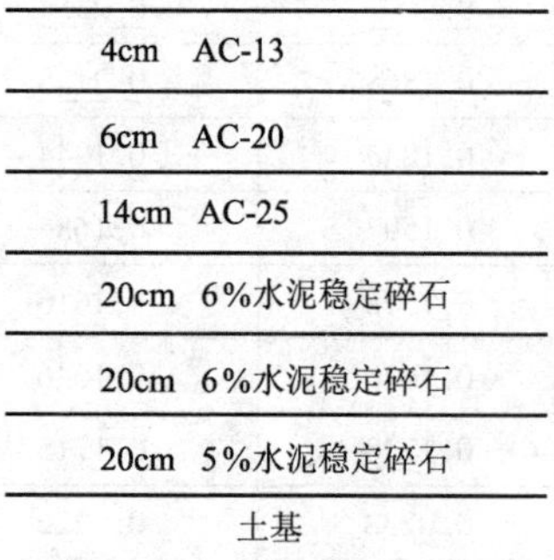

4cm　AC-13
6cm　AC-20
14cm　AC-25
20cm　6%水泥稳定碎石
20cm　6%水泥稳定碎石
20cm　5%水泥稳定碎石
土基

图 1.2.5　厚层沥青混凝土路面结构

如图 1.2.2a）和图 1.2.6 所示为厚层沥青路面剪应力计算点布置图，双圆均布竖直荷载 $P=0.7$MPa，荷载圆半径 $R=106.5$mm。在 XOY 水平面内，O_1 点坐标为（－159.75，0），A 点坐标为（53.25，0），O_2点坐标为（159.75，0），B 点坐标为（266.25，0），D 点坐标为（95.85，159.75）。

根据该课题厚层沥青混凝土路面结构的假设，将沥青面层整体的材料分为 AC-13 上面层、AC-20 中面层、AC-25 下面层、半刚性基层、底基层和土基各层是完全连续接触的。采用弹性层状理论计算程序 Bisar 计算图 1.2.6 中厚层沥青混凝土路面的剪应力。确定图中 A 点、O_2 点、B 点、D 点作为计算点，计算各点以下沥青面层不同深度处计算点位的剪应力，即可分析出厚层沥青混凝土路面剪应力沿路面竖下的分布规律。厚层沥青混凝土路面层间剪应力计算结果见表 1.2.5。

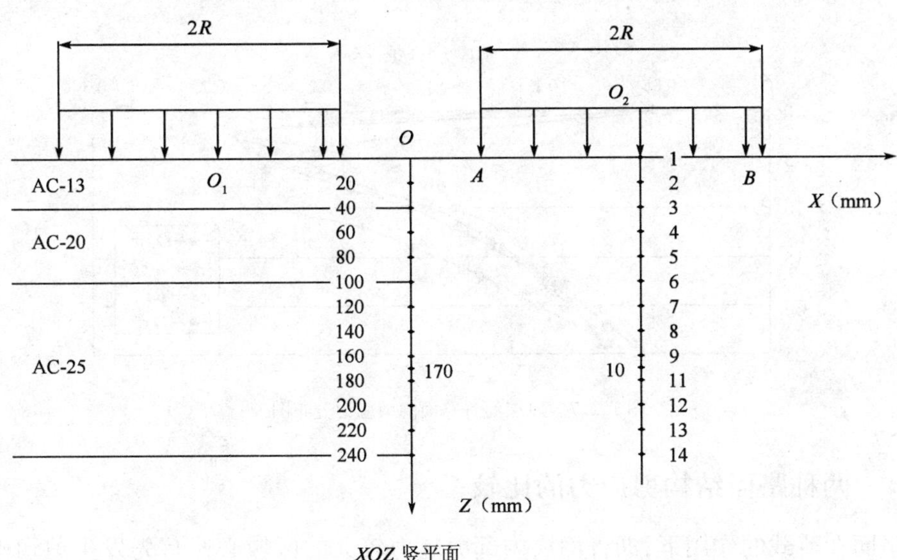

图 1.2.6　厚层沥青路面的剪应力计算点布置图

厚层沥青混凝土路面层的剪应力计算结果　　表 1.2.5

计算点编号	对应路面深度 Z 坐标(cm)	最大剪应力 τ_{max}(MPa)			
		O_2 点	A 点	B 点	D 点
1	0	0.0458	0.1562	0.1142	0.0515
2	2	0.1380	<u>0.2317</u>	<u>0.2366</u>	<u>0.2355</u>
3	4	<u>0.2022</u>	0.1975	<u>0.2179</u>	<u>0.2309</u>
4	6	<u>0.2231</u>	0.1651	0.1989	<u>0.2109</u>
5	8	<u>0.2244</u>	0.1456	0.1761	0.1863
6	10	<u>0.2187</u>	0.1389	0.1497	0.1594
7	12	0.1804	0.1195	0.1332	0.1399
8	14	0.1578	0.1096	0.1183	0.1236
9	16	0.1374	0.1005	0.1056	0.1098
10	17	0.1281	0.0961	0.1000	0.1038
11	18	0.1193	0.0916	0.0950	0.0982
12	20	0.1029	0.0825	0.0862	0.0886
13	22	0.0873	0.0727	0.0795	0.0806
14	24	0.0716	0.0616	0.0751	0.0747

注：表内画线数据为该点沿路面竖向沥青面层内部最大剪应力 τ_{max} 的峰值。

由表1.2.5和图1.2.7可知，厚层沥青路面结构沥青面层内部点 A 点、O_2点、B 点、D 点沿路面深度方向各点的最大剪应力 τ_{max} 也呈现出层中值大、上下两头数值小的分布规律。沥青路面对应点 A 点、O_2点、B 点、D 点沿路面竖向方向内部最大剪应力 τ_{max} 的峰值分布区域为路面深度2～10cm处。

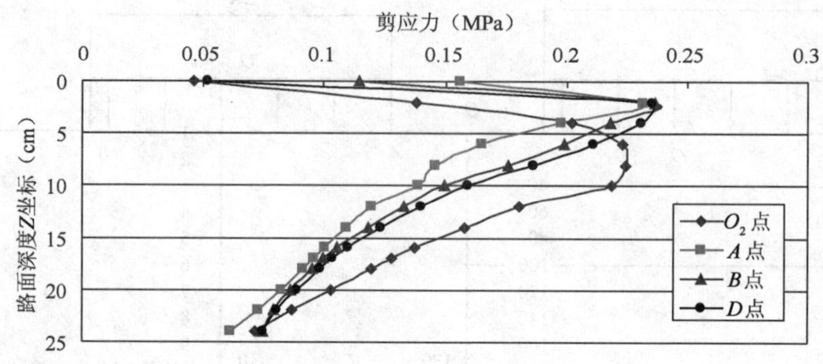

图1.2.7　厚层沥青路面的剪应力分布图

2.2.3　两种路面结构剪应力的比较

沥青路面在荷载的作用下，沥青面层内部剪应力较大的区域必然首先发生剪切破坏产生车辙，这一区域就是半刚性基层沥青路面的主抗车辙区，即对车辙起主要贡献的区域。因此，研究半刚性基层沥青路面的变形规律，应首先研究半刚性基层沥青路面的沥青面层剪应力分布规律。

对于正常厚度沥青路面，当AC-25下面层和ATB-25联结层之间的接触条件为完全接触时，最大剪应力 $\tau_{max1}=0.2382$MPa，当AC-25下面层和ATB-25联结层之间的接触条件为光滑接触时，最大剪应力 $\tau_{max2}=0.2786$MPa。在路面实际使用中按部分连续考虑，此时沥青路面竖向沥青面层内部最大剪应力介于 τ_{max1} 和 τ_{max2} 之间，对应的主抗车辙区域为2～17cm。

对于厚层沥青路面，AC-25下面层和ATB-25联结层由两层沥青层变为AC-25一层（沥青面层总厚度不变）时，沥青面层内部最大剪应力 $\tau_{max}=0.2366$MPa，对应的主抗车辙区域为2～10cm。

上述计算分析表明，当采用厚层沥青路面结构时，沥青面层内部的最大剪应力 τ_{max} 减小（最大剪应力 τ_{max} 由0.2382～0.2786MPa减小到0.2366MPa），沥青面层的抗车辙性能得到增强；除此之外，当采用厚层沥青路面结构时，沥青路面面层的主抗车辙区域由（2～17cm）减小为（2～10cm），沥青混凝土抗车辙区域变小。由此说明厚层沥青混凝土对沥青面层的抗车辙性能十分有利。

2.3　沥青路面拉应力分布规律研究

参考《公路沥青路面设计规范》（JTG D50—2006）并结合工程实际情况，确定各结构层抗

压模量 E_1'、μ_1、E_2'、μ_2、E_3'、μ_3、E_4'、μ_4、E_5'、μ_5、E_6'、μ_6。分析研究正常沥青路面拉应力的各项材料参数，见表 1.2.6。

沥青路面拉应力计算各项材料参数　　表 1.2.6

混合料类型	材料参数	
AC-13	E_1'(MPa)	μ_1
	2100	0.25
AC-20	E_2'(MPa)	μ_2
	1900	0.25
AC-25	E_3'(MPa)	μ_3
	1200	0.25
ATB-25	E_4'(MPa)	μ_4
	1400	0.25
5% 的水泥稳定碎石	E_5'(MPa)	μ_5
	3700	0.15
5% 的水泥稳定碎石	E_5'(MPa)	μ_5
	3700	0.15
4% 的水泥稳定碎石	E_6'(MPa)	μ_6
	3500	0.15
土基	E_0(MPa)	μ_0
	45	0.35

2.3.1　正常厚度沥青路面结构拉应力分析

正常厚度沥青路面结构见图 1.2.1。

如图 1.2.8 所示为正常厚度沥青路面拉应力计算点布置图，双圆均布竖直荷载 $P=0.7$MPa，荷载圆半径 $R=106.5$mm。在 XOY 水平面内，O_1点坐标为(−159.75,0)，A 点坐标为(53.25,0)，O_2点坐标为(159.75,0)，B 点坐标为(266.25,0)，O 点坐标为(0,0)。

对于该课题研究中的正常厚度沥青混凝土路面结构，除将 AC-25 下面层和 ATB-25 联结层之间的接触条件分为完全连续和完全光滑两种情况考虑外，将路面其他各结构层之间均按照完全连续接触考虑。在对 AC-25 下面层和 ATB-25 联结层之间的接触条件分为完全连续和完全光滑两种情况下，采用弹性层状理论计算程序 Bisar 计算图 1.2.1 中正常厚度沥青混凝土路面的拉应力。根据邓学钧《路基路面工程》和吕文江的《沥青路面结构设计与材料设计一体化研究》，确定图中 A 点、O_2点、B 点、D 点作为计算点，如图 1.2.8a) 所示，计算各点以下沥青面层不同深度处计算点位的拉应力，即可分析出正常厚度沥青混凝土路面拉应力沿路面竖向的分布规律。

1) 层间接触条件为完全连续

当 AC-25 下面层和 ATB-25 联结层之间的接触条件为完全连续时，由弹性层状理论计算程序 Bisar 计算得到正常厚度沥青路面拉应力，其结果见表 1.2.7。

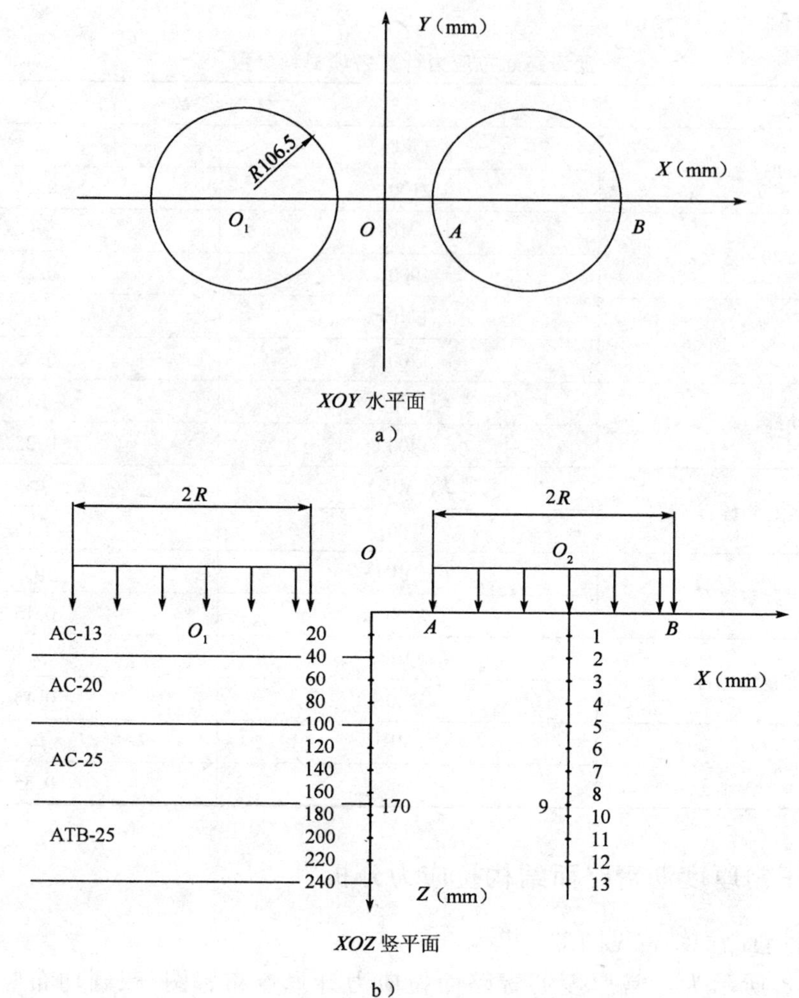

图 1.2.8　正常厚度沥青路面拉应力计算点布置图

完全连续沥青路面的沥青面层拉应力计算结果　　表 1.2.7

计算点编号	对应路面深度 Z 坐标(cm)	各点的拉应力 σ_1(MPa)			
		A 点	O_2点	B 点	O 点
1	2	-0.0338	-0.4145	-0.0337	-0.0127
2	4	-0.0616	-0.2554	-0.0277	-0.0590
3	6	-0.0738	-0.1560	-0.0161	-0.0735
4	8	-0.0620	-0.0830	-0.0150	-0.0429
5	10	-0.0310	-0.0263	-0.0200	-0.0157
6	12	-0.0379	-0.0428	-0.0184	-0.0308
7	14	-0.0359	-0.0384	-0.0191	-0.0318
8	16	-0.0378	-0.0403	-0.0191	-0.0360

续上表

计算点编号	对应路面深度 Z 坐标(cm)	各点的拉应力 σ_1(MPa)			
		A 点	O_2点	B 点	O 点
9	17	-0.0401	-0.0434	-0.0187	-0.0393
10	18	-0.0328	-0.0323	-0.0189	-0.0365
11	20	-0.0337	-0.0333	-0.0182	-0.0428
12	22	-0.0368	-0.0369	-0.0171	-0.0520
13	24	0.0423	-0.0435	-0.0151	-0.0649

注:(1)表内拉应力 σ_1的数值为正数时表示正应力为拉应力,为负数时表示正应力为压应力。

(2)表中加着重号的为该层的层底拉应力。

由表 1.2.7 和图 1.2.9 可知,沥青路面各层间为完全连续接触条件时,沥青路面的面层拉应力均为负值,即为压应力,没有出现拉应力。

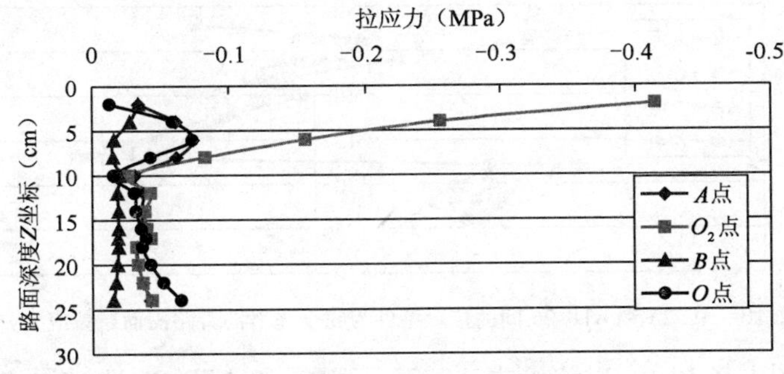

图 1.2.9　各层之间为完全连续沥青路面的面层拉应力分布图

2)层间接触条件为完全光滑

当沥青 AC-25 下面层和 ATB-25 联结层之间的接触条件为完全光滑时,二者层间黏结系数取 0,则由弹性层状理论计算程序 Bisar 计算得到正常厚度沥青路面拉应力,其结果见表 1.2.8。

AC-25 和 ATB-25 间的接触条件为完全光滑沥青路面面层拉应力计算结果　表 1.2.8

计算点编号	对应路面深度 Z 坐标(cm)	各点的拉应力 σ_1(MPa)			
		A 点	O_2点	B 点	O 点
1	2	0.0132	-0.3663	0.0026	0.1047
2	4	-0.0038	-0.1890	0.0174	-0.0396
3	6	-0.0109	-0.0745	0.0300	0.0158
4	8	0.0470	0.0240	0.0360	0.0665
5	10	0.1040	0.1084	0.0821	0.0117
6	12	0.0911	0.0899	0.0699	0.0720
7	14	0.1251	0.1317	0.0965	0.0958
8	16	0.1647	0.1816	0.1282	0.1225
9	17	0.1879	0.2120	0.1471	0.1377
10	18	-0.1986	-0.2316	-0.1530	-0.1553

续上表

计算点编号	对应路面深度 Z 坐标(cm)	各点的拉应力 σ_1(MPa)			
		A 点	O_2点	B 点	O 点
11	20	-0.1823	-0.1880	-0.1240	-0.1540
12	22	-0.1663	-0.1601	-0.1017	-0.1413
13	24	-0.1486	-0.1437	-0.0836	-0.1341

注:(1)表内拉应力 σ_1的数值为正数时表示正应力为拉应力,为负数时表示正应力为压应力。

(2)表内画线数据为该点沿路面竖向沥青面层内部正应力为拉应力。

(3)表中加着重号的为该层的层底拉应力。

由表 1.2.8 和图 1.2.10 可知,沥青路面各层间为完全光滑接触条件时,沥青路面的面层拉应力多处出现拉力,且在上面层、中面层及下面层的层底正应力为正值,即拉应力。

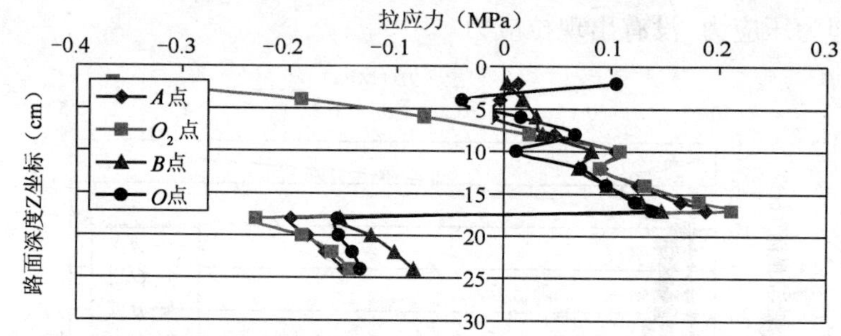

图 1.2.10 AC-25 和 ATB-25 间的接触条件为完全光滑沥青路面面层拉应力分布图

由表 1.2.8 和图 1.2.10 可知,当沥青 AC-25 下面层和 ATB-25 联结层之间的接触条件为完全光滑时,正常厚度沥青路面结构沥青面层内部点 A 点、O_2点、B 点、O 点沿路面深度方向各点的 σ_1均出现正值,即拉应力。当 AC-25 下面层和 ATB-25 联结层之间的接触条件为完全光滑时,沥青路面对应点各点沿路面竖向方向内部拉应力 σ_1出现正值分布区域为路面深度 2~17cm 处。

3)正常厚度沥青路面面层拉应力分布规律

由以上分析结果可知,对于正常厚度沥青路面结构,当 AC-25 下面层和 ATB-25 联结层之间的接触条件由完全连续向完全光滑转变时,沥青路面面层内部的常温拉应力多处由压应力向拉应力转变,最大值达到 0.2120MPa,这说明在工程实践中采取增强沥青面层各层间的结合能力的措施是非常有必要的,这样可以避免沥青内部的拉应力,提高沥青路面的使用寿命。由于沥青面层所采用的材料类型不同,黏层油的黏结作用又十分有限,钻芯取样后会经常发现沥青面层间无法紧密黏结在一起。因此可以认为 AC-25 下面层和 ATB-25 联结层之间的接触条件在工程应用中应按照部分连续考虑,其拉应力和拉应力的分布区间均在完全连续和完全光滑之间。

2.3.2 厚层沥青路面拉应力分析

厚层沥青混凝土路面结构见图 1.2.5。在厚层沥青混凝土路面结构中,各层沥青混凝土为弹性材料,其参数为 E_1'、μ_1、E_2'、μ_2、E_3'、μ_3、E_4'、μ_4;5% 水泥稳定碎石基层材料、4% 水泥稳定碎石底基层和土基为弹性材料,它们的参数分别为 E_5'、μ_5、E_6'、μ_6、E_0、μ_0。在分析正常厚度沥青路面的剪应力时,各项参数如表 1.2.6 所示。

由图1.2.8a)和图1.2.11所示为厚层沥青路面常温拉应力计算点布置图，双圆均布竖直荷载$P=0.7$MPa，荷载圆半径$R=106.5$mm。在XOY水平面内，O_1点坐标为(-159.75,0)，A点坐标为(53.25,0)，O_2点坐标为(159.75,0)，B点坐标为(266.25,0)，O点坐标为(0,0)。

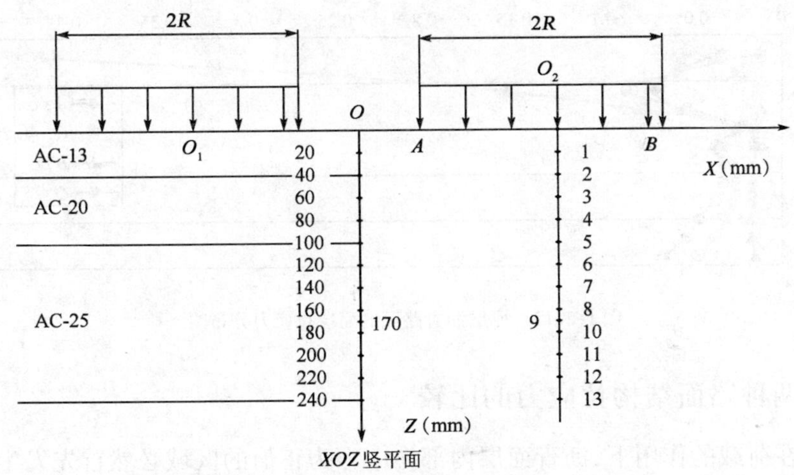

图1.2.11　厚层沥青路面的面层拉应力计算点布置图

根据该课题对厚层沥青混凝土路面结构的假设，将沥青路面各结构层分为AC-13上面层、AC-20中面层、AC-25下面层、半刚性基层、底基层和土基，并认为各层之间是完全连续接触的。采用弹性层状理论计算程序Bisar计算图1.2.11厚层沥青路面面层拉应力。确定图中A点、O_2点、B点、O_1点作为计算点，计算各点以下沥青面层不同深度处计算点位的拉应力，并分析其沿竖向分布规律。厚层沥青路面的面层拉应力，计算结果见表1.2.9。

厚层沥青路面的面层拉应力计算结果　　表1.2.9

计算点编号	对应路面深度Z坐标(cm)	各点的拉应力σ_1(MPa)			
		A点	O_2点	B点	O点
1	2	-0.0345	-0.4184	-0.0338	-0.0126
2	4	-0.0612	-0.2574	-0.0265	-0.0587
3	6	-0.0725	-0.1562	-0.0139	-0.0886
4	8	-0.0606	-0.0813	-0.0122	-0.0547
5	10	-0.0275	-0.0223	-0.0168	-0.0240
6	12	-0.0334	-0.0373	-0.0153	-0.0389
7	14	-0.0291	-0.0299	-0.0162	-0.0326
8	16	-0.0278	-0.0274	-0.0170	-0.0340
9	17	-0.0281	-0.0275	-0.0174	-0.0357
10	18	-0.0290	-0.0283	-0.0176	-0.0380
11	20	-0.0325	-0.0320	-0.0179	-0.0478
12	22	-0.0384	-0.0386	-0.0175	-0.0546
13	24	-0.0471	-0.0487	-0.0159	-0.0682

注：表内拉应力σ_1的数值为正数时表示正应力为拉应力，为负数时表示正应力为压应力。

由表1.2.9和图1.2.12可知，当沥青AC-25下面层和ATB-25联结层合二为一时，即采用厚层沥青路面结构(AC-25)时，σ_1均为压应力，未出现拉应力。

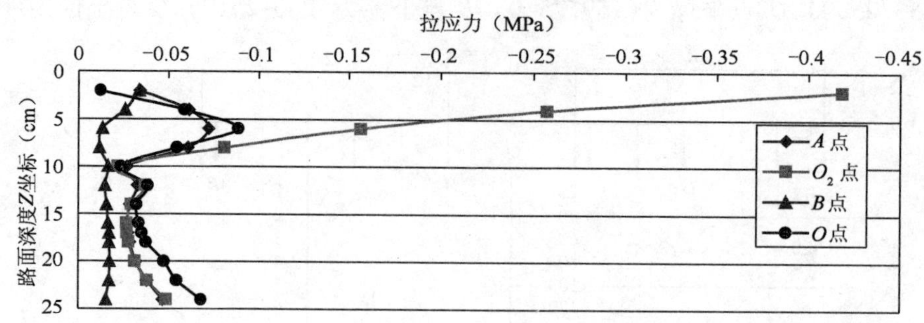

图1.2.12　厚层沥青路面的面层拉应力分布图

2.3.3　两种路面结构拉应力的比较

沥青路面在荷载的作用下，沥青面层内部拉应力为正值的区域必然首先发生疲劳开裂，这一区域就是半刚性基层沥青路面的主抗疲劳区，即对抗疲劳开裂起主要贡献的区域。因此，研究半刚性基层沥青路面的抗疲劳破坏，应首先研究半刚性基层沥青路面的沥青面层拉应力分布规律。

对于正常厚度沥青路面，AC-25下面层和ATB-25联结层之间的接触条件按部分连续考虑，此时沥青路面竖向不同深度处的拉应力最大值为0.2120MPa，对应的主抗疲劳开裂区域为2～17cm。

对于厚层沥青路面，AC-25下面层和ATB-25联结层两层变为由单层AC-25沥青混凝土结构(当沥青层总厚度不变)时，此时沥青路面竖向不同深度处的拉应力均为负值，即压应力。

综上所述，当路面结构采用AC-25下面层和ATB-25联结层施工时，若分层施工中的层间结合处理不当，极易使层间接触条件由完全连续变为部分连续或完全光滑接触，从而使沥青面层内部出现拉应力；当AC-25下面层和ATB-25联结层两层变成AC-25一层(沥青层总厚度不变)时，即采用厚层沥青路面结构时，沥青面层内拉应力均为受压状态，沥青面层的抗疲劳开裂性能将得到增强，由此说明厚层沥青混凝土对改善沥青面层的抗疲劳开裂性能十分有利。

2.4　本章小结

(1)结合岭南高速的实体工程，将路面分成正常厚度路面结构和厚层沥青路面结构两种路面结构类型，对每种路面结构进行力学分析。

(2)在荷载作用下，厚层沥青混凝土路面的最大剪应力比正常厚度沥青混凝土路面完全连续接触条件的最大剪应力要小，且比正常厚度沥青混凝土路面完全光滑接触条件的最大剪应力更小，最大剪应力的分布区域也减小。

(3)计算表明,厚层沥青混凝土路面的沥青面层均处于受压状态,比正常厚度沥青混凝土路面拉应力受力条件大为改善,况且当接触条件为完全光滑接触时,σ_1多处出现拉应力,最大拉应力为0.2120MPa。

(4)在工程实践中,采用厚层沥青路面取代正常厚度沥青路面时,对提高沥青路面的抗车辙性能和抗疲劳开裂性能有重要的意义。

第 3 章　沥青混合料压实试验

由第 2 章对两种沥青路面结构的计算可知，厚层沥青路面结构有利于提高沥青路面的抗车辙和抗疲劳性能，然而修筑单层厚度达 14cm 的沥青混凝土下面层，最重要的就是压实问题。下面就对下面层沥青混合料的压实特性进行分析，对其材料组成设计进行研究。

本章通过对马歇尔成型试验、GTM 成型试验以及旋转压实成型等方法的分析，选择合适的试验方法。同时为了减少试验次数和保证试验数据的全面性与客观性，对试验进行了正交设计，以确定各因素对沥青混合料压实效果的影响。

3.1　原材料性能的检测

室内试验研究主要针对岭南高速公路 AC-25 沥青混凝土下面层，所用原材料均取自河南岭南高速路面五标。各种原材料产地为：华夏石料厂产粗集料、细集料；石料类型为：石灰岩；河南省南阳市卧龙碳酸钙厂产石灰岩矿粉；沥青为中海牌 70 号 A 级道路石油沥青。

3.1.1　沥青

沥青材料是沥青混合料的重要组成部分，实践证明没有良好的沥青材料，就不足以保证沥青路面良好的路用性能。针对所采用的中海 70 号石油沥青，按《公路沥青路面施工技术规范》（JTG F 40—2004）要求进行了规定项目的试验检测。试验检测结果见表 1.3.1。检测结果表明，对该样品所检测项目均符合 70 号 A 级沥青技术要求。

70 号沥青检测结果　　表 1.3.1

检测项目		单位	70 号、A 级沥青技术要求	试验结果	试验方法
针入度（25℃，100g，5s）		0.1mm	60～80	71	T 0604—2000
软化点（环球法）		℃	不小于 46	46.5	T 0606—2000
延度（5cm/min，10℃）		cm	不小于 20	>100	T 0605—1993
延度（5cm/min，15℃）		cm	不小于 100	>100	T 0605—1993
含蜡量（蒸馏法）		%	不大于 2.2	1.3	T 0615—2000
闪点		℃	不小于 260	288	T 0611—1993
溶解度（三氯乙烯）		%	不小于 99.5	99.95	T 0607—1993
密度（15℃）		g/cm³	实测记录	1.014	T 0603—1993
TFOT 后残留物（163℃，5h）	质量变化	%	不大于 ±0.8	-0.12	T 0609—1993
	针入度比	%	不小于 61	71.8	T 0604—2000
	延度（10℃）	cm	不小于 6	13.6	T 0605—1993

3.1.2　矿料

沥青混合料中的矿料包括粗集料、细集料和矿粉填充料。

1)粗集料

粗集料为10~25mm、10~20mm、5~10mm石灰岩,试验项目及试验结果见表1.3.2。试验结果表明,对各规格粗集料所检测项目均符合《公路沥青路面施工技术规范》(JTG F 40—2004)关于高速公路及一级公路沥青混合料用粗集料质量技术要求。

粗集料技术性质　　表1.3.2

检测项目	单位	标准要求	粗集料试验结果			试验方法
			10~25mm	10~20mm	5~10mm	
集料压碎值	%	不大于28	—	19.0	—	T 0316—2005
洛杉矶磨耗损失	%	不大于30	—	25.4		T 0317—2005
表观相对密度	—	不小于2.50	由于本试验的所有级配均采用逐档回配,故密度也采用逐档测密度,具体见表1.3.3			T 0304—2005
毛体积相对密度	—	实测记录				
吸水率	%	不大于3.0				
对沥青的黏附性	级	不小于4	—	4	—	T 0616—1993
针片状颗粒含量(混合料)	%	不大于18	13.5			T 0312—2005
其中粒径大于9.5mm	%	不大于15	11.9			
其中粒径小于9.5mm	%	不大于20	16.6			
软石含量	%	不大于5	0.1	0.1	0.0	T 0320—2000
水洗法<0.075mm颗粒含量	%	不大于1	0.1	0.1	0.2	T 0310—2005

2)细集料

细集料采用0~3mm机制砂,试验项目及试验结果见表1.3.3。试验结果表明,对细集料所检测项目均符合《公路沥青路面施工技术规范》(JTG F 40—2004)关于高速公路及一级公路沥青混合料用细集料质量技术要求。

细集料技术性质　　表1.3.3

检测项目	单位	标准要求	试验结果	试验方法
			0~3mm	
表观相对密度	—	不小于2.50	见表1.3.2	T 0328—2005
毛体积相对密度	—	—	见表1.3.2	T 0304—2005
砂当量	%	不小于60	63	T 0334—2005
棱角性(流动时间)	s	不小于30	37	T 0345—2005

各档粗、细集料的密度及吸水率见表1.3.4。

各档粗、细集料的密度及吸水率　　表1.3.4

筛孔(mm)	表观相对密度	毛体积相对密度	吸水率(%)
26.5	2.8253154	2.81261	0.39174
19	2.821585182	2.788057	0.426203

续上表

筛孔(mm)	表观相对密度	毛体积相对密度	吸水率(%)
16	2.817625766	2.769377	0.61846
13.2	2.815212542	2.770486	0.573428
9.5	2.811629655	2.763808	0.615417
4.75	2.832050813	2.765039	0.856121
2.36	2.820495	2.820495	—
1.18	2.839255	2.839255	—
0.6	2.806198	2.806198	—
0.3	2.807687	2.807687	—
0.15	2.789974	2.789974	—
0.075	2.772714	2.772714	—

3)矿粉

矿粉为石灰岩矿粉,试验结果见表1.3.5。试验结果表明,对矿粉所检测项目均符合《公路沥青路面施工技术规范》(JTG F 40—2004)关于高速公路及一级公路沥青混合料用矿粉质量技术要求。

矿粉技术性质　　表1.3.5

检测项目		单位	标准要求	试验结果	试验方法
表观密度		t/m³	不小于2.50	2.756	T 0352—2000
含水率		%	不大于1	0.1	T 0103 烘干法
粒度范围	<0.6mm	%	100	100	T 0351—2000
	<0.15mm	%	90~100	99	
	<0.075mm	%	75~100	95.2	
外观		—	无团粒结块	无团粒结块	—
亲水系数		—	小于1	0.9	T 0353—2000

3.2 试件成型方法的研究

本节通过对马歇尔成型试验、GTM成型试验以及旋转压实成型等方法的分析讨论,选择合适的试件成型方法。

3.2.1 马歇尔试件成型

传统的马歇尔设计方法的使用已有很多年了,它是通过使用重锤来使沥青混合料获得一定的击实功来成型试件,这种方法已为沥青混合料设计者服务了几十年,目前我国高等级公路的沥青混合料设计仍以马歇尔试验为主。马歇尔试验的优点就是试验方法简单,费用较低。但大量实践证明,使用落锤来模拟现场压实及交通荷载作用是十分困难和局限的,传统马歇尔设计方法的整个指标体系,既不能确切反映沥青混合料的力学性能,也不能较好地对应沥青路面的技术性能。也就是说,以经验为基础并局限在一定温度范围的马歇尔设计方法,不能准确反映和控制沥青路面在较大温度范围内表现出的黏弹性力学性能。随着交通量的增加,马歇尔设计方法设计出的沥青混合料出现了一系列问题,如车辙、开裂等。总之,由于交通量及车辆轴载的增加,马歇尔方法已不能很好地模拟施工中压实机械的碾压作用和交通荷载的搓揉作用而达到预期的目的,从而使沥青混合料经过相当交通量后的空隙等体积参数预测十分困难,对路用性能更是无法把握。

3.2.2　SGC 试件成型

剪切旋转压实仪(Shear Gyratory Compactor,简写 SGC)是柔性路面在压实机械和行车荷载作用下的机械模拟。它可以近似地模拟压实机械和车辆行驶时轮胎与路面的相互作用,通过旋转压实,使试件中沥青混合料的密实度达到压实机械实际作用于路面时所产生的密实度,模拟荷载在路面上产生的垂直压应力。旋转压实仪(SGC)作为压实成型方法是因为旋转压实能较好地模拟混合料的现场压实,而且用旋转压实机评价混合料压实特性时,不仅可以评价压实过程中某一点的压实情况,还可以评价沥青混合料在整个服务期间的密实特征。SGC 压实的基本原理是:试件在一个控制室中缓慢的压实,试件运动的轴线如同一圆锥,它的顶点与试件顶部重合。旋转底座将试模定位于 1.25°的旋转压实角,以 30r/min 的恒定速率旋转。压力加载头对试件实施 600kPa 的竖直压力。这样在材料倒入试模中后同时受到竖向压力与水平剪力的作用,使集料颗粒定向形成骨架,这个过程模拟了压实机械和行车荷载对路面材料搓揉压实作用,用这种仪器成型试件的体积特性、物理特性和现场钻芯取样的结果相关性很好。

3.2.3　GTM 试件成型

旋转压实剪切试验机(Gyratory Testing Ma-chine,简称 GTM)作为一种沥青混合料的设计工具,是美国工程兵团在 20 世纪 60 年代为解决最大最重的轰炸机跑道容易破损的问题而专门研究开发的,并于 1978 年被列入美国的 ASTM 规范。它最大程度地模拟了汽车荷载对路面的实际作用情况,并以推理的方法来进行沥青混合料设计。它可以根据汽车对路面的实际作用压强来设计沥青混合料,使设计的沥青混合料的抗剪强度大于其所受的剪应力。同时,使其所产生的应变控制在适当的范围内。GTM 完全利用力学的应力应变原理,提供了解决目前汽车接地压强不断上升的途径,减少了沥青路面在重载交通下出现车辙、推移、拥包等剪切破坏。

GTM 模拟沥青混合料的现场实际受力情况,能对试件进行充分的揉搓、旋转、压实,还可以根据车轮与路面之间的实际接触压强来设定设计混合料施加的垂直压强,以确定合乎要求的沥青混凝土配合比。GTM 完全利用了力学的应力应变原理来确定所需要的配合比。它不但克服了马歇尔和重型击实仪的缺点,而且解决了接地压强不断上升所带来的问题,是目前公认的最接近现场受力情况的试验机。新的美国 ASTM 适用规范已经采用 GTM 作为高速公路沥青混凝土和部分基层结合料设计和质量控制的标准。

3.2.4 试件成型方法的选择

该课题主要研究厚层路面压实特性,而实现厚层的关键就是如何保证较大厚度的沥青混合料结构层能被有效压实,所以必须要对压实特性进行研究。其中具有代表性的方法就是美国 SHRP 计划提出的 SGC 试件成型法和美国工程兵团使用的旋转压实剪切试验机 GTM 试件成型法。结合实际情况,选择了 SHRP 计划提出的 SGC 试件成型法。

3.3 试验设计

文章主要研究厚层路面压实特性,对影响沥青混凝土压实特性影响的主要因素 CA 比、油石比和设计旋转次数三因素进行分析研究,对试验进行正交试验设计。

3.3.1 影响因素的确定

1)沥青混合料级配及最佳油石比

贝雷法是近年来用于沥青混合料级配设计和检验的完整方法,已受到国内外的普遍关注。当合成级配确定后,贝雷法提出三参数:CA 比、FAc 比、FAf 比,对其进行分析,其中表征粗集料内部比例组成的参数是 CA 比,计算公式为:

$$CA=\frac{(P_{D/2}-P_{PCS})}{(100-P_{D/2})} \tag{1.3.1}$$

式中:$P_{D/2}$——粒径 $D/2$(D 为公称最大粒径)的通过率(%);

P_{PCS}——第一控制筛孔(PCS 为与公称最大粒径的 0.22 倍最接近的筛孔)的通过率(%)。

CA 比反映了粗集料中大粒径颗粒与 $D/2$ ~ PCS 粒径颗粒之间的均衡关系,这种均衡关系将影响沥青混合料的压实特性和路用性能。这里对 CA 比进行研究分析,目的在于确定不同 CA 比对沥青混凝土压实特性的影响。通过参考国内资料和规范可以看出 AC-25 的 CA 比主要集中在 0.6 ~ 0.8,见表 1.3.6。故取 0.5、0.6、0.7、0.8、0.9 五个级配,重点对 0.6、0.7、0.8 进行正交试验设计(由于岭南高速采用 AC-25 沥青混合料级配的 CA 比为 0.78,故不对 CA 比为 0.8 进行研究,以 CA 比 0.78 代替 CA 比 0.8,为方便研究,下文均称为 0.8)。各种级配的筛孔通过率见表 1.3.7。

国内使用和规范 AC-25 的 CA 比 表 1.3.6

使用公路	襄樊—十堰高速	岭南高速	宛坪高速
CA 比	0.79	0.78	0.79
使用公路	青银高速	京福高速	丹拉公路
CA 比	0.72	0.69	0.77
使用公路	两龙高速	南浦高速	吴子高速
CA 比	0.76	0.64	0.77
规范级配	规范上限	规范中值	规范下限
CA 比	1.00	0.851	0.767

各级配的筛孔通过率　表 1.3.7

筛孔孔径(mm)	各筛孔的通过率(%)				
	A_1级配	A_2级配	A_3级配	A_4级配	A_5级配
31.5	100	100	100	100	100
26.5	97	98	97	99.6	99
19	83	83	83	85.7	85
16	72	72	74	74.6	74
13.2	57.3	61.3	61.7	63.5	64.7
9.5	50	50	53	54.3	54
4.75	35.9	38	34.9	34.9	32.9
2.36	25	24	27	25.5	26
1.18	19	18	19	18.4	18
0.6	15	14	13	13.9	13
0.3	11	10	10	11	10
0.15	8	7	7	8.3	7
0.075	4.8	4.5	5	5.9	4
CA 值	0.50	0.60	0.70	0.78	0.90
FAc	0.53	0.47	0.54	0.53	0.54
FAf	0.28	0.56	0.53	0.60	0.56

2)油石比的确定

试验的最佳油石比是均由马歇尔(各级配马歇尔最佳油石比见表1.3.8)确定,试验为了研究油石比对沥青混凝土压实特性的影响,该研究对每种级配取不同的三种不同的油石比进行研究,其详情见表1.3.9(参考国内外资料,考虑马歇尔最佳油石比和SGC的油石比的区别,所取的最佳油石比均在马歇尔油石比基础上略为下调0.2%)。

各种级配马歇尔最佳油石比　表 1.3.8

级配类型	A_1级配	A_2级配	A_3级配	A_4级配	A_5级配
最佳油石比(%)	3.8	3.9	3.8	3.7	3.8

每种级配相对应的油石比　表 1.3.9

级　配	最佳油石比(%)(B_1)	最佳油石比 -0.3(%)(B_2)	最佳油石比 +0.3(%)(B_3)
A_1级配	3.7	3.4	4.0
A_2级配	3.9	3.6	4.2
A_3级配	3.8	3.5	4.1
A_4级配	3.8	3.5	4.1
A_5级配	3.8	3.5	4.1

3)设计旋转压实次数的确定

旋转压实次数共可分为三种,分别为:设计旋转压实次数($N_{设计}$或N_{des})、初始压实次数

($N_{初始}$或N_{ini})和最大旋转压实次数($N_{最大}$或N_{max})。试样的压实是采用设计旋转压实次数N_{des}，设计旋转压实次数N_{des}同最大旋转压实次数N_{max}及最初旋转压实次数N_{ini}之间的关系是：

$$\log 10^{N_{max}} = 1.10 \times \log 10^{N_{des}}$$

$$\log 10^{N_{ini}} = 0.45 \times \log 10^{N_{des}}$$

设计旋转压实次数的范围为50~125,同交通量水平有关。设计旋转压实次数N_{des}、最大旋转压实次数N_{max}和最初旋转压实次数N_{ini},不同交通水平对应的旋转压实次数见表1.3.10。

不同交通水平对应的旋转压实次数　　表1.3.10

设计 $ESAL_S$(百万)	压实参数		
	$N_{初始}$	$N_{设计}$	$N_{最大}$
0.3~3(用C_1表示)	7	75	115
3~10(用C_2表示)	8	100	160
≥30(用C_3表示)	9	125	205

3.3.2 正交试验设计

为了减少试验次数,同时又能科学客观地分析每一种因数对最终结果的影响,该课题研究中采用正交试验设计。试验研究中的共有三种因素,但CA值这一因素有五个水平,而油石比和旋转压实次数只有三个水平,根据试验设计的需要,以及AC-25沥青混凝土的CA值出现在0.5和0.9的可能性小,故先不给予考虑这两个CA值。所以在本研究中共有三种因数和三种水平。其正交试验设计见表1.3.11。

正交试验设计　　表1.3.11

列号 / 试验号	1	2	3	组合水平	试验号
	A	B	C		
1	1	1	1	$A_2B_1C_1$	Y_1
2	1	2	2	$A_2B_2C_2$	Y_2
3	1	3	3	$A_2B_3C_3$	Y_3
4	2	1	2	$A_3B_1C_2$	Y_4
5	2	2	3	$A_3B_2C_3$	Y_5
6	2	3	1	$A_3B_3C_1$	Y_6
7	3	1	3	$A_4B_1C_3$	Y_7
8	3	2	1	$A_4B_2C_1$	Y_8
9	3	3	2	$A_4B_3C_2$	Y_9

注:表中如Y_7对应的是$A_4B_1C_3$,表示为采用的级配为A_4级配,采用油石比为B_1(最佳油石比),设计旋转压实次数采用C_3,也就是说采用的级配为A_4,采用油石比为最佳油石比3.8%,设计旋转压实次数为125次。

考虑CA值对沥青混合料的影响,结合课题研究的实际情况,在正交试验设计的基础上增加两个CA比(0.5和0.9两个级配)的试验,对增加的两个CA比仅考虑在最佳油石比和$N_{设计}$为100次条件下的压实,其具体参数见表1.3.12。

增加两组的试验设计　　表 1.3.12

试验号	CA 值	油石比	旋转压实次数
Y_{10}	0.5	3.8	C_2
Y_{11}	0.9	3.8	C_2

3.3.3 旋转压实试验参数的选择及试验结果

该试验所使用的沥青中海70号石油沥青、集料为岭南高速公路工地使用的石料、矿粉为石灰岩矿粉,所使用的旋转压实试验参数见表1.3.13。

旋转压实试验参数　　表 1.3.13

试验参数	试验条件	试验参数	试验条件
拌和温度	160℃	荷载大小	600kPa(±18kPa)
老化时间	2h	旋转角度	1.25±0.2°
老化温度	135℃	混合料用量	4700g
压实温度	135℃	试件高度	115mm±5mm
试模内径	150mm	平行试验数	2个

各组试验的平均密实度见表1.3.14。

各组试验的平均密实度　　表 1.3.14

试验号	A	B	C	密实度
1	1	1	1	95.14
2	1	2	2	95.80
3	1	3	3	96.97
4	2	1	2	95.97
5	2	2	3	96.04
6	2	3	1	95.89
7	3	1	3	96.50
8	3	2	1	94.06
9	3	3	2	96.95

3.4 试验因素的分析

下面就根据正交试验设计建立数学模型,对CA比(A)、油石比(B)、设计旋转压实次数(C)三因素进行研究分析。假定因素CA比(A)、油石比(B)、设计旋转压实次数(C)之间没有交互作用。设因子A在水平A_1、A_2、A_3上的效应分别为a_1、a_2、a_3;因子B水平B_1、B_2、B_3上的效应分别为b_1、b_2、b_3;因子C在C_1、C_2、C_3水平上的效应分别为c_1、c_2、c_3。效应表示一个因子在某种水平母体平均数的偏差。数学模型为:

$$\begin{cases}Y_1=\mu+a_1+b_1+c_1+\varepsilon_1\\Y_2=\mu+a_1+b_2+c_2+\varepsilon_2\\Y_3=\mu+a_1+b_3+c_3+\varepsilon_3\\Y_4=\mu+a_2+b_1+c_2+\varepsilon_4\\Y_5=\mu+a_2+b_2+c_3+\varepsilon_5\\Y_6=\mu+a_2+b_3+c_1+\varepsilon_6\\Y_7=\mu+a_3+b_1+c_3+\varepsilon_7\\Y_8=\mu+a_3+b_2+c_1+\varepsilon_8\\Y_9=\mu+a_3+b_3+c_2+\varepsilon_9\end{cases}\tag{1.3.2}$$

式中:μ——所有 $Y_i(i=1,\cdots,9)$都取自同一个正态总体 $N(\mu,\sigma^2)$中的平均值。

它满足条件 $a_1+a_2+a_3=0,b_1+b_2+b_3=0,c_1+c_2+c_3=0$,其中 $\varepsilon_1,\varepsilon_2,\cdots,\varepsilon_9$是独立分布正态变量,分布为$N(0,\sigma^2)$。在母体上作假设如下。

假设 H_{01}:

$$a_1=a_2=a_3=0$$

假设 H_{02}:

$$b_1=b_2=b_3=0$$

假设 H_{03}:

$$c_1=c_2=c_3=0$$

若假设 H_{01}成立,则表示因子 A 对试验结果无显著作用;否则,因子 A 对试验结果有显著作用。同理,H_{02}或 H_{03}成立分别表示因子 B 和 C 对试验结果无显著作用;否则,有显著作用。下面就对正交试验进行方差分析和极值分析,研究三因素对沥青混合料的压实度的影响。

3.4.1 方差分析法

方差分析就是鉴别各因素效应的一种有效的统计方法,它是根据试验结果,找出有显著作用的因素,以及在怎样的水平和工艺条件下能使各项指标达到最优的目的。方差分析的基本思想:把所有观察值之间的变异分解为几部分,进而计算其均方差,然后相互比较,做统计学处理,确定各因素(控制变量)对研究对象的影响程度大小。即通过方差分析,分析不同水平的控制变量是否对结果产生了显著影响。

旋转压实密实度的总平均数$\overline{Y}=\frac{1}{9}\sum_{i=1}^{9}Y_i$,($Y_i$见表 1.3.14)则有:

$$\overline{Y}=\frac{1}{3}(k_1^{A}+k_2^{A}+k_3^{A})=\frac{1}{3}(k_1^{B}+k_2^{B}+k_3^{B})=\frac{1}{3}(k_1^{C}+k_2^{C}+k_3^{C})\tag{1.3.3}$$

式中:k_1^{A}、k_2^{A}、k_3^{A}——因子 A(CA 比)在 1、2、3 水平上试验值的平均数;

k_1^{B}、k_2^{B}、k_3^{B}——因子 B(油石比)在 1、2、3 水平上试验值的平均数;

k_1^C、k_2^C、k_3^C——因子 C(设计旋转压实次数)在 1、2、3 水平上试验的平均数。

总离差平方和：

$$Q_T = \sum_{i=1}^{9}(Y_i - \overline{Y})^2 \tag{1.3.4}$$

又因为：

$$Q_T = Q_A + Q_B + Q_C + Q_E \tag{1.3.5}$$

式中：$Q_A = 3[(k_1^A - \overline{Y})^2 + (k_2^A - \overline{Y})^2 + (K_3^A - \overline{Y})^2]$；

$Q_B = 3[(k_1^B - \overline{Y})^2 + (k_2^B - \overline{Y})^2 + (K_3^B - \overline{Y})^2]$；

$Q_C = 3[(k_1^C - \overline{Y})^2 + (k_2^C - \overline{Y})^2 + (K_3^C - \overline{Y})^2]$。

Q_A为因子 A(CA 比)引起的离差平方和，Q_B为因子 B(油石比)引起的离差平方和，Q_C为因子 C(设计旋转压实次数)引起的离差平方和，Q_E为试验误差。式(1.3.5)中右边 Q_A的自由度为 2，这是因为有一个约束条件$(k_1^A - \overline{Y}) + (k_2^A - \overline{Y}) + (K_3^A - \overline{Y}) = 0$；同理，$Q_B$和 Q_C的自由度都等于 2，左边 Q_T的自由度为 8。又因为左边的自由度等于右边的自由度之和，故 $Q_E = 2$。又因为$\frac{Q_A}{\sigma^2}$，$\frac{Q_B}{\sigma^2}$，$\frac{Q_C}{\sigma^2}$，$\frac{Q_E}{\sigma^2}$相互独立，且分别服从自由度为 2 的χ^2 分布。因此 $F_A = \frac{Q_A}{Q_E}$，$F_B = \frac{Q_B}{Q_E}$，$F_C = \frac{Q_C}{Q_E}$分别服从自由度为(2,2)的 F 分布。Q_A、Q_B、Q_C、Q_E各参数的计算见表 1.3.15，F_A、F_B、F_C值的方差分析见表 1.3.16。

Q_A、Q_B、Q_C、Q_E各参数的计算　　表 1.3.15

试验号	A	B	C	试验值	平方
1	1	1	1	95.14	9051.62
2	1	2	2	95.80	9177.64
3	1	3	3	96.97	9403.18
4	2	1	2	95.97	9210.24
5	2	2	3	96.04	9223.68
6	2	3	1	95.89	9194.89
7	3	1	3	96.50	9312.25
8	3	2	1	94.06	8847.28
9	3	3	2	96.95	9399.30
K_1	287.91	287.61	285.09	863.32	82820.10
K_2	287.90	285.90	288.72	—	—
K_3	287.51	289.81	289.51	—	—
U	82813.53	82816.05	82817.2	82813.49	—
Q	0.04	2.56	3.71	—	—

$$Q_E = Q_T - Q_A - Q_B - Q_C = 82820.1 - 82813.49 - 0.04 - 2.56 - 3.71 = 0.3$$

F_A、F_B、F_C值的方差分析　　表 1.3.16

来　源	离　差	自由度	均方离差	F 值
A	0.04	2	0.02	0.13
B	2.56	2	1.28	8.53
C	3.71	2	1.855	12.37
误差	0.3	2	0.15	—
总和	6.61	8	—	—

给定较高的显著水平为 10%［因为显著水平为 10% 时 $F_{0.90}(2,2)$ 最大，若取小于 10% 的水平 x 时，$F_x(2,2)$ 更小，也就是说 $F_{(100-x)}(2,2)$ 更大］，则取 $F_{0.90}(2,2)=\frac{1}{F_{0.10}(2,2)}=0.11$，这表明因素 A、B、C 对沥青混合料的压实密实度有显著的影响，对其必须予以研究。

3.4.2　极差分析法

通过对正交试验的方差分析可知，CA 比、沥青含量以及设计旋转压实次数三个因素对沥青混合料的密实度均有显著影响，下面我们通过极差分析，确定出三个因素对混合料密实度影响程度的大小。

极差分析就是常说的直观分析法，就是直观上用每一个因素在各种水平上试验值得平均数，考察此因素对试验结果的影响。

由表 1.3.11 的第一列因子 A 分别计算每一种水平上的试验值的平均数。记：

$$\begin{cases}K_1^A=Y_1+Y_2+Y_3\\K_2^A=Y_4+Y_5+Y_6\\K_3^A=Y_7+Y_8+Y_9\end{cases}\tag{1.3.6}$$

现在用 k_1^A、k_2^A、k_3^A 分别表示因子 A（CA 比）在 1、2、3 水平上试验值的平均数，其可表示为：

$$\begin{cases}k_1^A=\frac{1}{3}K_1^A\\k_2^A=\frac{1}{3}K_2^A\\k_3^A=\frac{1}{3}K_3^A\end{cases}\tag{1.3.7}$$

同理，由表 1.3.11 可以得出第二列因子 B（油石比）：

$$\begin{cases}K_1^B=Y_1+Y_4+Y_7\\K_2^B=Y_2+Y_5+Y_8\\K_3^B=Y_3+Y_6+Y_9\end{cases}\tag{1.3.8}$$

用 k_1^B、k_2^B、k_3^B 分别表示因子 B 在 1、2、3 水平上试验值的平均数，其可表示为：

$$\begin{cases} k_1^{\mathrm{B}} = \dfrac{1}{3}K_1^{\mathrm{B}} \\ k_2^{\mathrm{B}} = \dfrac{1}{3}K_2^{\mathrm{B}} \\ k_3^{\mathrm{B}} = \dfrac{1}{3}K_3^{\mathrm{B}} \end{cases} \tag{1.3.9}$$

再由表 1.3.11 得出第三列因子 C(设计旋转压实次数):

$$\begin{cases} K_1^{\mathrm{C}} = Y_1 + Y_6 + Y_8 \\ K_2^{\mathrm{C}} = Y_2 + Y_4 + Y_9 \\ K_3^{\mathrm{C}} = Y_3 + Y_5 + Y_7 \end{cases} \tag{1.3.10}$$

用 k_1^{C}、k_2^{C}、k_3^{C} 分别表示因子 C(设计旋转压实次数)在 1、2、3 水平上实验值的平均数,其可表示为:

$$\begin{cases} k_1^{\mathrm{C}} = \dfrac{1}{3}K_1^{\mathrm{C}} \\ k_2^{\mathrm{C}} = \dfrac{1}{3}K_2^{\mathrm{C}} \\ k_3^{\mathrm{C}} = \dfrac{1}{3}K_3^{\mathrm{C}} \end{cases} \tag{1.3.11}$$

按照正交设计,得出各试验的密实度(沥青混合料密实度计算将本报告第三章第一节)见表 1.3.4。

由密实度实验值计算得:

$$\begin{aligned} &K_1^{\mathrm{A}} = 287.91, \quad K_2^{\mathrm{A}} = 287.90, \quad K_3^{\mathrm{A}} = 287.51 \\ &K_1^{\mathrm{B}} = 287.61, \quad K_1^{\mathrm{B}} = 285.90, \quad K_1^{\mathrm{B}} = 289.81 \\ &K_1^{\mathrm{C}} = 285.09, \quad K_1^{\mathrm{C}} = 288.72, \quad K_1^{\mathrm{C}} = 289.51 \end{aligned} \tag{1.3.12}$$

进一步算得平均数得:

$$\begin{aligned} &k_1^{\mathrm{A}} = 95.97, \quad k_2^{\mathrm{A}} = 95.97, \quad k_3^{\mathrm{A}} = 95.84 \\ &k_1^{\mathrm{B}} = 95.87, \quad k_2^{\mathrm{B}} = 95.30, \quad k_3^{\mathrm{B}} = 96.61 \\ &k_1^{\mathrm{C}} = 95.03, \quad k_2^{\mathrm{C}} = 96.24, \quad k_3^{\mathrm{C}} = 96.51 \end{aligned} \tag{1.3.13}$$

因子 A(CA 比)表示不同 CA 比的级配,实际水平为 CA 比为 0.6、0.7、0.8。以实际水平为横坐标,平均密实度 k_1^{A}、k_2^{A}、k_3^{A} 为纵坐标,见图 1.3.1;对因子 B(油石比)、因子 C(设计旋转压实次数)同样作图,见图 1.3.2、图 1.3.3。

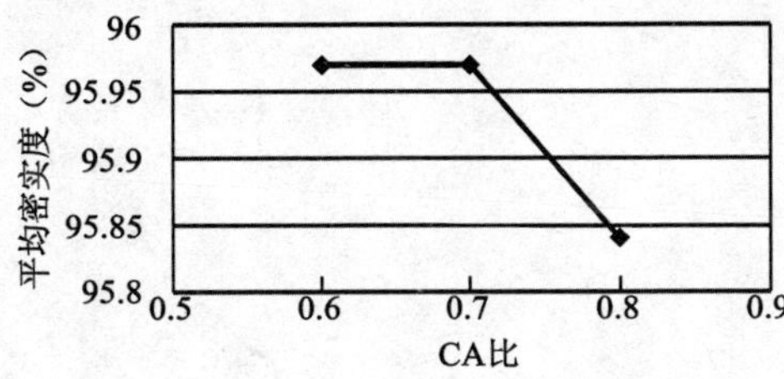

图 1.3.1　CA 比和平均密实度的关系

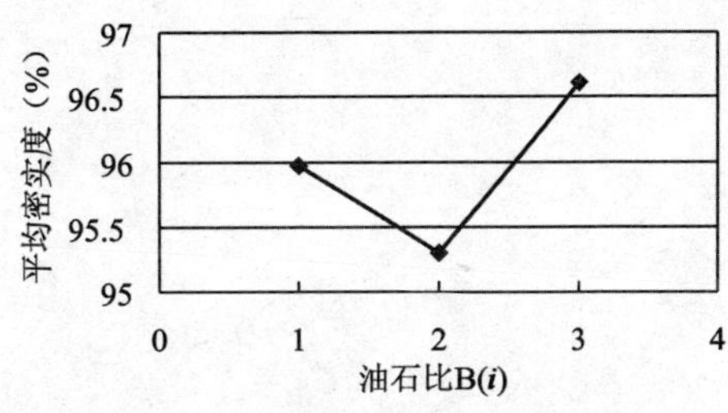

图 1.3.2　用油量与平均密实度的关系

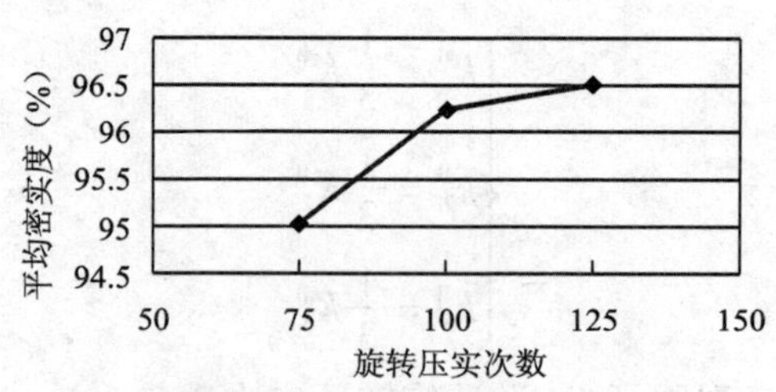

图 1.3.3　设计旋转压实次数与平均密实度的关系

通过图 1.3.1 可以看出，平均密实度的极差为 0.13，图 1.3.2 中的平均密实度的极差为 1.31；图 1.3.3 中的平均密实度的极差为 1.48。说明旋转压实次数对密实度的影响最大，油石比的影响次之，CA 比的影响最小。

3.5　本章小结

(1) 为更合理科学地安排试验，减少不必要的重复，同时又不遗漏每一因素，用正交试验设计，对各个因素进行分析，确定其对沥青混合料密实度的影响。

(2) 根据对正交设计的试验结构的方差分析，对于给定显著水平为 10% 时，因素 A、B、C 的 F_A、F_B、F_C 值均大于 $F_{0.90}(2,2)$，说明 A、B、C（即 CA 比、油石比、设计旋转压实次数）对沥青混合料的压实密实度有显著的影响，对其各因素均需进行研究，确定其影响程度。

(3) 根据对正交设计的试验结构的极差分析，旋转压实次数对密实度的影响最大，油石比的影响次之，CA 比的影响最小。

第 4 章　沥青混合料压实特性的分析

沥青混合料的压实特性是指沥青混合料在施工碾压和使用过程中体积参数的变化程度和稳定性，具有良好压实特性的 HMA 应表现为施工期间易于压实，达到设计要求的体积参数，而在使用阶段保持体积稳定，具有一定的抗变形能力。SHRP 研究认为，一个认可的混合料设计，在相对密实度 G_{mm} 为 89%、96% 和 98% 的条件下的旋转压实作用次数必须满足某一界限值。这一研究成果随后就应用到沥青含量的选择和混合料的设计标准之中，例如在 N_{ini} 时要求密实度小于 89%，规定 N_{ini} 时的压实标准是为了防止松散沥青混合料不被压实得太快而导致所谓的“软沥青混合料”。通过 Superpave 旋转压实仪 SGC，可了解室内压实试件在压实过程中高度的精确变化，进而得到室内试件的整个压实过程。室内得到的 SGC 密实曲线提供了混合料密实过程的内在特性，这一特性与现场沥青混合料的密实过程就有同样的价值。该课题研究中采用 K_1、K_2、CEI、TDI 四个参数来分析 Superpave 旋转压实仪 SGC 有关密实曲线率。将密实曲线分成两部分：第一部分是与铺筑压实阶段有关，用来表示混合料的可压实性能；第二部分是与道路使用阶段相关，用来表示混合料的抗变形性能。

4.1　SGC 压实试验数据分析处理

试件在压实期间，每旋转一次后都自动测量其高度，压实完成后，试件经冷却，测量试件的毛体积相对密度（G_{mb}），其方程为：

$$G_{mb}=\frac{m_0}{m_1+m_2-m_3} \tag{1.4.1}$$

式中：m_0——试件干重；

m_1——试件表干重；

m_2——（桶 + 水）重量；

m_3——（桶 + 水 + 试件）总重。

最大相对理论密度（G_{mm}），其方程为：

$$G_{mm}=\frac{100}{\dfrac{P_{si}}{\gamma_{se}}+\dfrac{P_{bi}}{\gamma_b}} \tag{1.4.2}$$

式中：G_{mm}——试件最大相对理论密度（%）；

P_{bi}——所计算的沥青混合料的油石比（%），$P_{bi}=P_{ai}/(1+P_{ai})$；

P_{si}——所计算的沥青混合料的矿料含量（%），$P_{si}=1-P_{bi}$；

γ_{se}——矿料的有效相对密度，按式(1.4.3)计算，无量纲；

γ_b——沥青的相对密度(25℃/25℃)，无量纲。

$$\gamma_{se}=C\times\gamma_{sa}+(1-C)\times\gamma_{sb} \tag{1.4.3}$$

$$C=0.033\omega_x^{\ 2}-0.2936\omega_x+0.9339 \tag{1.4.4}$$

$$\omega_x=\left(\frac{1}{\gamma_{sb}}-\frac{1}{\gamma_{sa}}\right)\times100 \tag{1.4.5}$$

式中：C——合成矿料的沥青吸收系数；

ω_x——合成矿料的吸水率(%)；

γ_{sb}——矿料的合成毛体积相对密度，按式(1.4.6)求取，无量纲；

γ_{sa}——矿料的合成表观相对密度，按式(1.4.7)求取，无量纲。

$$\gamma_{sb}=\frac{100}{\frac{P_1}{\gamma_1}+\frac{P_2}{\gamma_2}+\cdots+\frac{P_n}{\gamma_n}} \tag{1.4.6}$$

$$\gamma_{sa}=\frac{100}{\frac{P_1}{\gamma_1'}+\frac{P_2}{\gamma_2'}+\cdots+\frac{P_n}{\gamma_n'}} \tag{1.4.7}$$

式中：P_1、P_2、…、P_n——各种矿料成分的配合比，其和为100；

γ_1、γ_2、…、γ_n——各种矿料相应的毛体积相对密度；

γ_1'、γ_2'、…、γ_n'——各种矿料按试验规程方法测定的表观相对密度。

由式(1.4.1)~式(1.4.7)计算得G_{mb}、G_{mm}，其数值见表1.4.1。旋转压实后，把试件从试模取出，经冷却、试验，试验结果经公式(1.4.1)计算G_{mb}。用G_{mb}除以G_{mm}，以确定G_{mm}@N_{des}的百分数。%G_{mm}在任何旋转压实次数(N_x)的值通过%G_{mm}@N_{des}乘以N_{des}和N_x的高度比率计算出(N_{des}表示设计旋转压实次数，N_x表示第X次的旋转压实次数)，对此计算，其方程为：

$$\%G_{mm}@N_{des}=\frac{G_{mb}}{G_{mm}}\times100\% \tag{1.4.8}$$

$$\%G_{mm}@N_x=\%G_{mm}@N_{des}\times(H_{des}\div H_x) \tag{1.4.9}$$

式中：%G_{mm}@N_{des}——试件的设计压实度；

%G_{mm}@N_x——在旋转压实次数为X次时，试件的压实度；

H_{des}——到达设计旋转压实次数时试件的高度；

H_x——试件第X次的旋转压实次数时的试件高度。

不同级配的G_{mb}、G_{mm}的数据见表1.4.1。由式(1.4.8)、式(1.4.9)用于混合料的计算，可得出在各个旋转次数下的G_{mb}、G_{mm}数值，有研究表明，采用半对数其曲线是一条近似直线，本研究以CA=0.8、最佳油石比为3.8%、设计旋转压实次数为125次的为例，Y_1、Y_2、Y_3、Y_4、Y_5、Y_6、Y_7、Y_8、Y_9级配的压实度数据见表1.4.2~表1.4.10，Y_7半对数压实数据见表1.4.11。

各种条件下 G_{mb}、G_{mm} 的数值　　表 1.4.1

CA 比	油石比(%)	设计旋转压实次数	试件的毛体积相对密度(G_{mb})	试件最大相对理论密度(G_{mm})	设计压实度(%)
0.5	3.7	100	2.5297	2.6346	96.02
0.6	3.9	75	2.5099	2.6468	95.14
	3.6	100	2.5357	2.6225	95.80
	4.2	125	2.5609	2.6389	96.97
0.7	3.8	100	2.5327	2.6512	95.97
	3.5	125	2.5461	2.6268	96.04
	4.1	75	2.5188	2.6383	95.89
0.8	3.8	125	2.5578	2.6506	96.50
	3.5	75	2.4932	2.6262	94.06
	4.1	100	2.5461	2.6382	96.95
0.9	3.8	100	2.5423	2.6389	96.34

Y_1 级配的压实数据　　表 1.4.2

旋转次数	试件1		试件2		平均
	H_t(mm)	G_{mm}(%)	H_t(mm)	G_{mm}(%)	G_{mm}(%)
5	121.8	85.54	128.3	86.94	86.24
7	120.4	86.53	126.7	88.05	87.28
10	118.4	88.00	124.7	89.45	88.72
20	115.5	90.21	121.8	91.58	90.89
30	113.9	91.47	120.0	92.95	92.21
40	112.7	92.45	118.8	93.89	93.17
50	111.8	93.19	117.9	94.61	93.90
60	111.2	93.69	117.1	95.25	94.75
70	110.6	94.20	116.5	97.45	94.97
75	110.4	94.37	116.3	96.16	95.14
G_{mb}	2.4863		2.5334		
G_{mm}	2.6346		2.6346		

Y_2 级配的压实数据　　表 1.4.3

旋转次数	试件1		试件2		平均
	H_t(mm)	G_{mm}(%)	H_t(mm)	G_{mm}(%)	G_{mm}(%)
5	122.8	85.86	121.1	86.90	86.38
8	120.9	87.21	119.9	87.77	87.49

续上表

旋转次数	试件1		试件2		平均
	H_t(mm)	G_{mm}(%)	H_t(mm)	G_{mm}(%)	G_{mm}(%)
10	119.5	88.23	118.5	88.80	88.52
20	116.7	90.35	115.8	90.87	90.61
30	115.0	91.68	114.1	92.23	91.96
40	113.8	92.65	112.9	93.21	92.93
50	112.9	93.39	112.0	93.96	93.67
60	112.2	93.97	111.4	94.46	94.22
70	111.6	94.48	110.8	94.97	94.73
80	111.1	94.90	110.6	95.41	95.15
90	110.7	95.25	110.3	95.752	95.50
100	110.3	95.59	110.0	96.01	95.80
G_{mb}	2.5301		2.5412		
G_{mm}	2.6468		2.6468		

Y_3级配的压实数据 表1.4.4

旋转次数	试件1		试件2		平均
	H_t(mm)	G_{mm}(%)	H_t(mm)	G_{mm}(%)	G_{mm}(%)
5	120.9	87.33	120.9	86.40	86.86
9	118.5	89.09	118.4	88.23	88.66
10	117.6	89.78	117.4	88.98	89.38
20	114.9	91.89	114.5	91.23	91.56
30	113.2	93.26	112.7	92.69	92.98
40	112.1	94.18	111.4	93.77	93.98
50	111.2	94.94	110.5	94.54	94.74
60	110.5	95.54	109.1	94.54	95.04
70	109.9	96.07	108.6	95.5	95.91
80	109.5	96.42	108.2	96.19	96.30
90	109.1	96.77	108	96.55	96.66
100	108.8	97.04	107.8	96.90	96.97
110	108.5	97.31	107.4	97.27	97.29
120	108.2	97.57	107.1	97.53	97.56
125	108.1	97.67	107.0	97.63	97.65
G_{mb}	2.5614		2.5603		
G_{mm}	2.6225		2.6225		

Y_4级配的压实数据　　表 1.4.5

旋转次数	试件1		试件2		平均
	H_t(mm)	G_{mm}(%)	H_t(mm)	G_{mm}(%)	G_{mm}(%)
5	123.4	85.65	121.8	86.56	85.95
8	121.3	87.13	119.9	87.63	87.38
10	119.8	88.22	118.5	88.66	88.44
20	116.9	90.41	115.7	90.81	90.61
30	115.2	91.74	114.0	92.16	91.95
40	113.9	92.79	112.9	93.06	92.93
50	113.0	93.53	112.0	93.81	93.67
60	112.2	94.20	111.3	94.40	94.30
70	111.6	94.70	110.7	94.91	94.81
80	111.0	95.22	110.3	95.25	95.23
90	110.6	95.56	109.9	95.60	95.58
100	110.1	96.00	109.5	95.95	95.97
G_{mb}	2.5333		2.5320		
G_{mm}	2.6389		2.6389		

Y_5级配的压实数据　　表 1.4.6

旋转次数	试件1		试件2		平均
	H_t(mm)	G_{mm}(%)	H_t(mm)	G_{mm}(%)	G_{mm}(%)
5	124.2	85.38	123.0	85.56	85.47
9	121.6	87.21	120.4	87.40	87.31
10	120.7	87.86	119.5	88.06	87.96
20	117.8	90.2	116.6	90.25	90.14
30	116.0	91.42	115.0	91.50	91.46
40	114.7	92.46	113.8	92.47	92.46
50	113.8	93.19	113.0	93.13	93.16
60	113.0	93.85	112.3	93.71	93.78
70	112.4	94.35	111.7	94.21	94.28
80	111.9	94.77	111.2	94.63	94.70
90	111.4	95.20	110.8	94.98	95.09
100	111.0	95.54	110.4	95.32	95.43
110	110.7	95.80	110.1	95.58	95.69
120	110.4	96.06	109.8	95.84	95.95
125	110.3	96.14	109.7	95.93	96.04
G_{mb}	2.5489		2.5433		
G_{mm}	2.6512		2.6512		

Y_6级配的压实数据 表1.4.7

旋转次数	试件1		试件2		平均
	H_t(mm)	G_{mm}(%)	H_t(mm)	G_{mm}(%)	G_{mm}(%)
5	122.4	86.68	122.7	87.18	86.93
9	120.9	87.75	121.4	88.11	87.93
10	119.3	88.93	119.8	89.29	89.11
20	116.0	91.46	116.5	91.82	91.64
30	114.3	92.82	114.8	93.18	93.00
40	113.2	93.72	113.6	94.16	93.94
50	112.3	94.47	112.8	94.83	94.65
60	111.6	95.06	112.1	95.42	95.24
70	111.0	95.58	111.6	95.85	95.71
75	110.8	95.75	111.4	96.02	95.89
G_{mb}	2.5152		2.5223		
G_{mm}	2.6268		2.6268		

Y_7级配的压实数据 表1.4.8

旋转次数	试件1		试件2		平均
	H_t(mm)	G_{mm}(%)	H_t(mm)	G_{mm}(%)	G_{mm}(%)
5	125.4	84.5	125.0	84.6	84.6
9	122.3	86.7	122.1	86.6	86.6
10	121.8	87.0	121.6	86.9	87.0
20	118.3	89.6	117.9	89.7	89.6
30	116.3	91.1	116.0	91.1	91.1
40	114.9	92.2	114.6	92.2	92.2
50	113.9	93.0	113.5	93.2	93.1
60	113.1	93.7	112.8	93.7	93.7
70	112.5	94.2	112.0	94.4	94.3
80	112.0	94.6	111.7	94.6	94.6
90	111.5	95.0	111.2	95.1	95.1
100	111.1	95.4	110.9	95.4	95.4
110	110.8	95.6	110.6	95.6	95.6
120	110.5	95.9	110.3	95.9	95.9
125	110.4	96.0	110.2	96.0	96.0
150	110.0	96.5	109.8	96.7	96.6
175	109.6	97.0	109.4	97.2	97.1
200	109.3	97.3	109.0	97.5	97.4
205	109.3	97.3	109.0	97.5	97.4
G_{mb}	2.5671		2.5723		
G_{mm}	2.6383		2.6383		

Y_8级配的压实数据　　表 1.4.9

旋转次数	试件1		试件2		平均
	H_t(mm)	G_{mm}(%)	H_t(mm)	G_{mm}(%)	G_{mm}(%)
5	125.6	84.24	125.8	84.26	84.25
9	123.8	85.47	124.1	85.41	85.44
10	121.6	87.02	121.7	87.10	87.06
20	118.4	89.37	118.4	89.53	89.45
30	116.5	90.82	116.5	91.00	90.91
40	115.3	91.77	115.1	92.09	91.93
50	114.3	92.57	114.1	92.92	92.74
60	113.6	93.14	113.4	93.48	93.31
70	112.9	93.72	112.7	94.06	93.89
75	112.7	93.89	112.5	94.23	94.06
G_{mb}	2.4886		2.4977		
G_{mm}	2.6506		2.6506		

Y_9级配的压实数据　　表 1.4.10

旋转次数	试件1		试件2		平均
	H_t(mm)	G_{mm}(%)	H_t(mm)	G_{mm}(%)	G_{mm}(%)
5	125.3	85.73	123.5	86.41	86.07
8	122.8	87.48	122.3	87.98	87.73
10	121.7	88.27	120.2	88.78	88.53
20	118.2	90.88	116.7	91.45	91.17
30	116.2	92.81	114.8	92.97	91.92
40	114.8	93.57	113.5	94.03	93.80
50	113.8	94.39	112.5	94.87	94.63
60	113.1	94.98	111.7	95.55	95.27
70	112.5	95.48	111.2	96.07	95.78
80	111.9	96.00	110.7	96.50	96.25
90	111.5	96.34	110.4	96.86	96.60
100	111.1	96.69	110.0	97.21	96.95
G_{mb}	2.5393		2.5529		
G_{mm}	2.6262		2.6262		

Y_7 半对数压实数据关系 表 1.4.11

旋转次数的对数 (ln*N*)	试件 1		试件 2		平均
	H_t(mm)	G_{mm}(%)	H_t(mm)	G_{mm}(%)	G_{mm}(%)
1.61	125.4	84.5	125.0	84.6	84.6
2.20	122.3	86.7	122.1	86.6	86.6
2.30	121.8	87.0	121.6	86.9	87.0
3.00	118.3	89.6	117.9	89.7	89.6
3.40	116.3	91.1	116.0	91.1	91.1
3.69	114.9	92.2	114.6	92.2	92.2
3.91	113.9	93.0	113.5	93.2	93.1
4.09	113.1	93.7	112.8	93.7	93.7
4.25	112.5	94.2	112.0	94.4	94.3
4.38	112.0	94.6	111.7	94.6	94.6
4.50	111.5	95.0	111.2	95.1	95.1
4.61	111.1	95.4	110.9	95.4	95.4
4.70	110.8	95.6	110.6	95.6	95.6
4.79	110.5	95.9	110.3	95.9	95.9
4.83	110.4	96.0	110.2	96.0	96.0
5.01	110.0	96.5	109.8	96.7	96.6
5.16	109.6	97.0	109.4	97.2	97.1
5.30	109.3	97.3	109.0	97.5	97.4
5.32	109.3	97.3	109.0	97.5	97.4
G_{mb}	2.5326		2.5460		
G_{mm}	2.6383		2.6383		

4.2 混合料压实特性的分析

4.2.1 SGC 集料嵌锁点 L. P. (Locking Point)

集料嵌锁点 L. P. (Locking Point)定义为旋转压实仪在压实沥青混合料过程中试件高度连续 3 次不变的第一次压实次数，最初由 Illinois 州交通部 Willian J. Pine 提出，L. P. 标志沥青混合料中整个集料已开始嵌锁，并抵抗进一步压实。此处所讲的集料骨架不同于平时所说的粗集料骨架，它包括整个矿料。按照 L. P. 的定义，所有的沥青混合料都会形成这种嵌锁，只是存在不同的空隙率和压实水平下。L. P. 提出的目的是防止沥青混合料尤其是骨架密实型沥青混合料出现过度碾压。如表 1.4.12 所示为 CA = 0.8 沥青混合料在 SGC 旋转压实过程中压实高度变化过程，可以看出 L. P. 出现在第 85 次。表 1.4.13 为在各种条件下的 L. P. 值。

CA =0.8 旋转压实试件的 L. P. 值 表 1.4.12

压实次数 \ 试件高度 \ 试验次数	1	2	3	4	5	6	7	8	9	10
70	112.4	112.4	112.3	112.3	112.2	112.2	112.1	112.1	112.0	112.0
80	111.9	111.9	111.8	111.8	111.7	111.7	111.7	111.6	111.6	111.5
90	111.5	111.4	111.4	111.4	111.3	111.3	111.3	111.2	111.2	111.1

在各种条件下的 L. P. 值 表 1.4.13

CA 比	油石比(%)	设计旋转压实次数	试件 1 的 L. P.	试件 2 的 L. P.	平均 L. P.
0.5	3.7※	100	76	76	76
0.6	3.9※	75	85	80	82.5
	3.6	100	81	82	81.5
	4.2	125	75	79	77
0.7	3.8 ※	100	79	89	84
	3.5	125	78	88	83
	4.1	75	76	83	79.5
0.8	3.8※	125	84	85	84.5
	3.5	75	82	79	81.5
	4.1	100	80	82	81
0.9	3.8※	100	78	80	79

注:※表示为最佳油石比。

由表 1.4.13 可知,对于每一种 CA 比的沥青混合料中,当在最佳油石比时,混合料的集料嵌锁点 L. P. 最大,即混合料最迟达到嵌锁点,故其抗压实力最小;在最佳油石比时,CA =0.8 的集料嵌锁点 L. P. 最大,即表明该沥青混合料最迟达到嵌锁点,故其抗压实力最小,说明 CA =0.8 沥青混合料级配具有良好的可压实性。

4.2.2 密实曲线平均斜率分析

通过旋转压实,能够了解到室内压实试件在压实过程中高度的精确变化,进而得到试件的密实过程。密实曲线反映的是混合料在开始压实阶段从初始状态(对应于 $\gamma < 89\%$ 的混合料空隙率 11%)压实到设计空隙率 4% 再到极限空隙率 2% 的过程。所以该曲线反映的是沥青混合料在施工期间的压实特性和开放交通后的交通荷载作用下的密实度变化特性。由此可见,密实曲线蕴含着沥青混合料施工可压实性和交通荷载变形能力的信息。本课题研究中通过对五种典型级配混合料密实曲线的分析,提出有关信息的评价参数并尝试用于混合料性能的预测与评价。

日前,关于密实曲线这一概念以及对其相应的解释,已引起较大的争议。在 Superpave 设计方法中和有关 Superpave 出版物中均认为。密度曲线斜率越大,集料结构越好;反之,曲线的斜率越小,其结构越弱。由于在混合料试验中没有力学性能试验(强度或劲度),所以选择密实曲线斜率来反映集料的结构刚度。但如果从材料力学角度出发,则得出的结论正好与此相反,即在重复荷载下,好的集料结构不易压实。因此在一给定的旋转压实次数下产生的密实度比率也较小,也即密度曲线斜率越小,混合料的结构强度越好。

密实曲线为指数曲线,它是由每种级配沥青混合料在 N_{max} 下压实得到密实度的拟合曲线,其方程为:

$$\gamma = \mathrm{A}N^{\mathrm{b}} \tag{1.4.10}$$

式中:A、b——回归参数。

如图 1.4.1 所示为 CA 为 0.6、0.7 和 0.8 时在最佳油石比条件下的密实拟合曲线,如表 1.4.14所示为十一种级配沥青混合料的密实曲线方程。

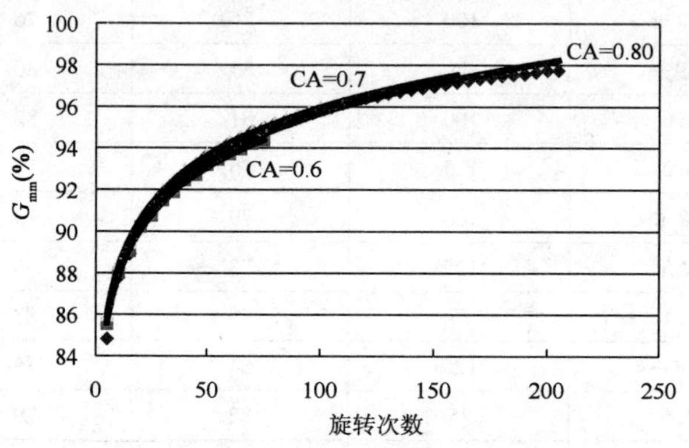

图 1.4.1　CA = 0.8 在最佳油石比的密实拟合曲线图

不同条件下的沥青混合料密实曲线方程　　表 1.4.14

CA 比	油石比(%)	设计旋转压实次数	密 实 方 程	R^2
0.5	3.7※	100	$Y = 82.9182X^{0.0332}$	0.9965
0.6	3.9※	75	$Y = 81.4868X^{0.0337}$	0.9967
	3.6	100	$Y = 82.0274X^{0.0334}$	0.9974
	4.2	125	$Y = 82.4708X^{0.0349}$	0.9971
0.7	3.8 ※	100	$Y = 81.5802X^{0.0349}$	0.9979
	3.5	125	$Y = 81.1689X^{0.0348}$	0.9973
	4.1	75	$Y = 82.8213X^{0.0336}$	0.9966
0.8	3.8※	125	$Y = 80.84X^{0.0366}$	0.9902
	3.5	75	$Y = 79.4716X^{0.0390}$	0.9978
	4.1	100	$Y = 81.2750X^{0.0381}$	0.9944
0.9	3.8※	100	$Y = 82.2697X^{0.0341}$	0.9980

注:※表示为最佳油石比。

从表 1.4.14 可以看出,11 种不同级配和沥青油石比的密实拟合曲线的相关系数均大于 0.99,说明这些指数曲线能够很好地拟合密实曲线方程。密实曲线可分为两部分:第一部分是与施工阶段有关，用来表示混合料的压实性能，在现场施工中，沥青混合料从摊铺完成到碾压完成，压实度的变化情况反映了该种沥青混合料的压实特性，压实度变化越大，说明沥青混合料的压实性能越好，反之说明沥青混合料的压实性能越差。在室内表示为旋转次数 $N=N_{ini}$ 至 $N=N_{des}$ 这一部分（$N=1$ 至 $N=N_{ini}$ 区间被认为是摊铺时摊铺机已经预压好的，在这里不对其进行讨论），表示为沥青混合料的可压实性。第二部分与路面使用阶段相关，用来表示混合料的变形特性。当开放交通后，在行车荷载的重复作用下，沥青混合料仍然会被进一步地压实。如果这种追密作用明显，则路面会出现明显的车辙，从而影响行车的安全舒适性。通过室内的压实试验密实曲线（旋转次数从 $N=N_{des}$ 至 $N=N_{max}$）斜率来分析这种追密效果。

如果采用半对数关系图，则 $N=N_{ini}$ 至 $N=N_{des}$ 区间的密实曲线基本呈一直线，但 $N=N_{des}$ 至 $N=N_{max}$ 区间的密实曲线不完全呈一直线，故可把密实曲线分成不同的两个区间，不同区间反映沥青混合料在不同阶段的压实特性。

4.2.3　$N_{ini} \sim N_{des}$ 压实特性分析

由图1.4.2 可以看出，当对旋转压实次数取对数后，密实曲线在 $N_{ini} \sim N_{des}$ 是一条近似直线的曲线。$N_{ini} \sim N_{des}$ 间的密实曲线的平均斜率的计算公式为：

$$K_1 = \frac{G_{mm1} - G_{mm2}}{\ln N_{des} - \ln N_{ini}} \tag{1.4.11}$$

式中：K_1——$N_{ini} \sim N_{des}$ 间的平均斜率；

N_{ini}——达到初始压实旋转次数，$N=N_{ini}$；

N_{des}——达到设计压实次数的旋转次数；

G_{mm1}——旋转次数 $N=N_{ini}$ 时的 G_{mm}；

G_{mm2}——旋转次数 $N=N_{des}$ 时的 G_{mm}。

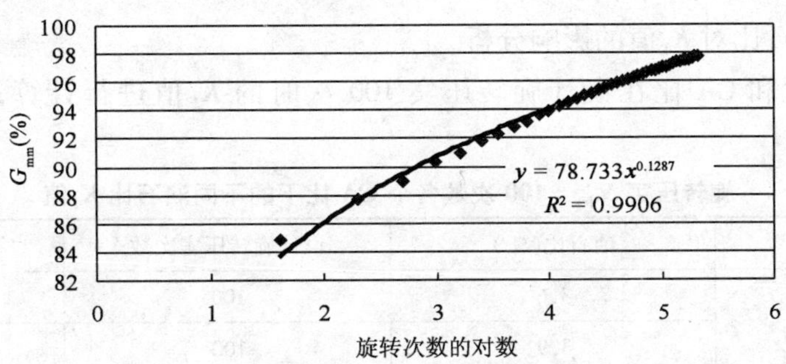

图 1.4.2　CA = 0.8，最佳油石比为 3.8 的半对数密实拟合曲线图

通常认为 $N_{ini} \sim N_{des}$ 这一部分的密实曲线平均斜率代表了这部分曲线在混合料压实过程中的可压实性（不能反映交通荷载下的追密变形特性），即认为这一斜率反映了混合料中集料的骨架强度，K_1 越大，说明沥青混合料越易于碾压，反之说明沥青混合料难以被压实。

4.2.3.1　CA 比对 K_1 值的影响分析

对不同 CA 比在最佳油石比设计旋转压实 100 次时的 K_1 值进行计算，其结果如表 1.4.15 和图 1.4.3 所示。

不同 CA 比在最佳油石比旋转压实 $N_{des}=100$ 次数的 K_1 值　　表 1.4.15

CA 比	0.5	0.6	0.7	0.8	0.9
K_1 值	3.2436	3.2964	3.4022	3.6980	3.2578

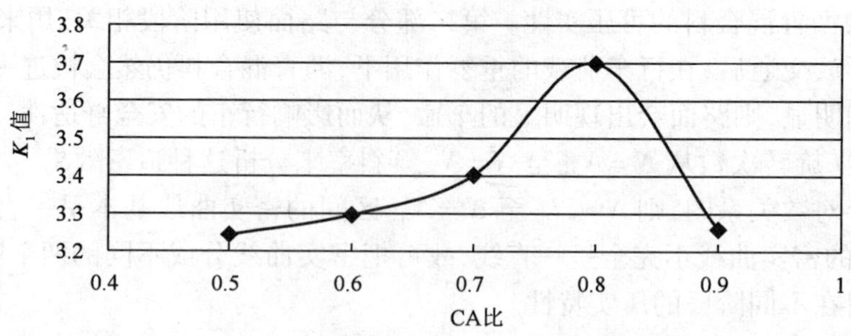

图 1.4.3　不同 CA 比在最佳油石比旋转压实 $N_{des}=100$ 的 K_1 值变化图

由表 1.4.15 和图 1.4.3 可以看出，当 CA < 0.8 时，随着 CA 的增大，K_1 值也逐渐增大，即沥青混合料越来越易压实；当 CA > 0.8 时，随着 CA 的增大，K_1 值逐渐减小，即沥青混合料越来越难压实，当 CA = 0.8 时，K_1 值最大。因为当 CA < 0.8 时，CA 比增大，因为粗集料中 *D*/2 ~ [PCS] 粒径颗粒增多，这些颗粒刚好填充 AC-25 中 *D* ~ *D*/2 粒径颗粒间的空隙，增强了集料的压密效果；当 CA > 0.8 时，CA 比继续增大，当 CA 比接近 1.0 时，因为粗集料中 *D*/2 ~ [PCS] 粒径颗粒继续增加，已超出了填充 AC-25 中 *D* ~ *D*/2 粒径颗粒间的空隙的需要，对更粗集料的干涉作用越来越明显，这时 *D*/2 ~ [PCS] 粒径颗粒将抑制粗集料的骨架结构形成，而较大粒径的粗集料则悬浮于其中，粗集料颗粒之间产生移动而不易嵌挤成型[其中：*D* 为混合料的最大公称粒径，[PCS] 为第一控制筛孔尺寸(Primary Control Sieve)]。

4.2.3.2　油石比对 K_1 值的影响分析

对不同油石比和 CA 比在设计旋转压实 100 次时的 K_1 值进行计算，结果见表 1.4.16 和图 1.4.4。

旋转压实 $N_{des}=100$ 次数各个 CA 比下的不同油石比 K_1 值　　表 1.4.16

CA 比	油石比(%)	设计旋转压实次数	K_1 值
0.6	3.6	100	3.2919
	3.9	100	3.2964
	4.2	100	3.2928
0.7	3.5	100	3.3439
	3.8	100	3.4022
	4.1	100	3.3063
0.8	3.5	100	3.6159
	3.8	100	3.6980
	4.1	100	3.6511

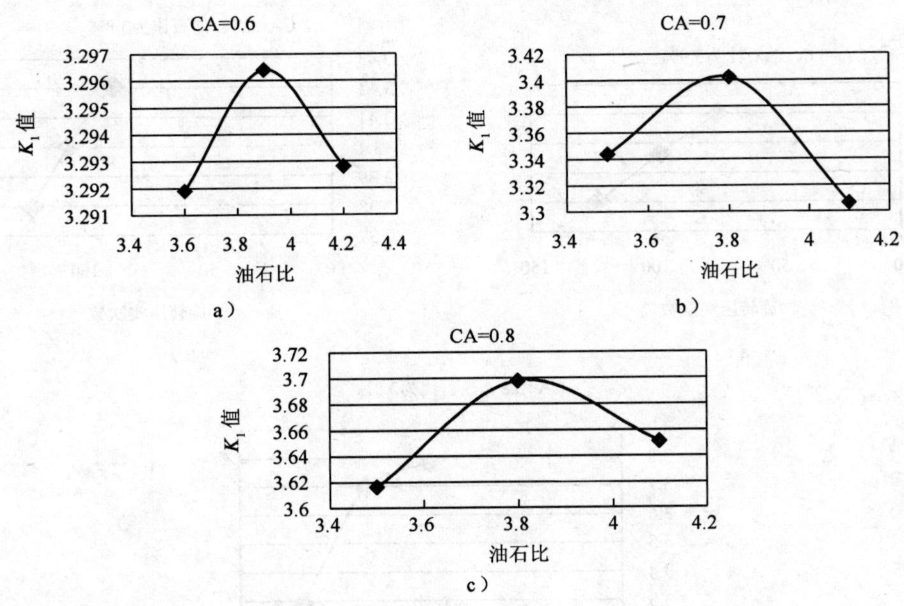

图 1.4.4　旋转压实 $N_{des}=100$ 次数各个 CA 比下不同油石比 K_1 值

由表 1.4.16 和图 1.4.4 可以看出，在同一 CA 比中，当沥青混合料油石比小于最佳油石比时，随着油石比的增大，K_1 值逐渐增大，即沥青混合料越来越易压实。这是由于油石比过少，不足以起到润滑作用，混合料显干涩，不易压实。当沥青混合料油石比大于最佳油石比时，随着油石比的增大，K_1 值也逐渐减小，即沥青混合料越来越难压实。这是由于油石比过多，除起到润滑作用外，还有多余的富余沥青，使集料之间不易形成嵌锁，不易压实所致。所以，沥青混合料的压实应在最佳油石比下压实，混合料较容易达到密实。

4.2.3.3　设计旋转次数对 K_1 值的影响分析

对不同 CA 比和设计旋转压实次数在最佳油石比时 K_1 值进行计算，其结果见表 1.4.17 和图 1.4.5。

最佳油石比、各个 CA 比下不同设计旋转压实次数的 K_1 值　　表 1.4.17

CA 比	最佳油石比(%)	设计旋转压实次数	K_1 值
0.6	3.9	75	3.3296
	3.9	100	3.2964
	3.9	125	3.2573
0.7	3.8	75	3.4265
	3.8	100	3.4022
	3.8	125	3.3785
0.8	3.8	75	3.7804
	3.8	100	3.6980
	3.8	125	3.2920

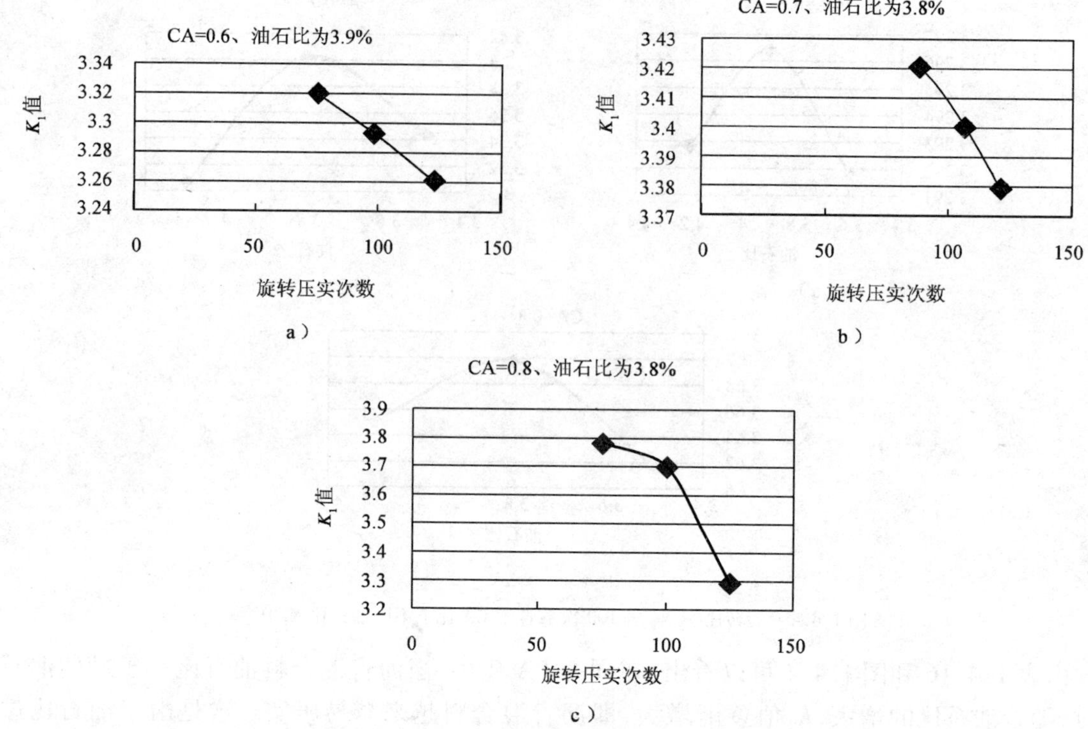

图 1.4.5　最佳油石比、各个 CA 比下不同设计旋转压实次数的 K_1 值

由表 1.4.17 和图 1.4.5 可以得出，在同一 CA 比中，当设计旋转压实次数增加时，K_1 值逐渐减小，即沥青混合料越来越难压实。这是因为当设计旋转压实次数增加，混合料达到的设计密实度也就相对提高。在同等条件下，所需要的压实功相对增加，故压实难度也相应增加。

4.2.4　N_{des}-N_{max} 压实特性分析

N_{des}-N_{max} 曲线部分反映了沥青混合料开放交通后的追密过程。图 1.4.6 为 CA＝0.8、设计旋转压实 N_{des}＝100 在最佳油石比的密实曲线。

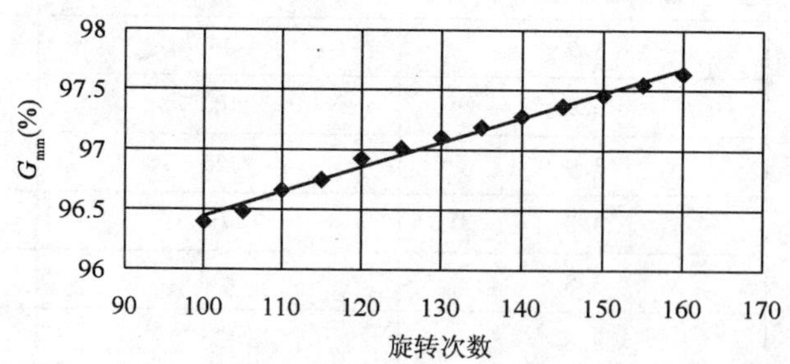

图 1.4.6　CA＝0.8、设计旋转压实 N_{des}＝100 在最佳油石比的密实曲线

由图 1.4.6 可以看出，混合料在 N_{des}～N_{max} 区间的曲线接近直线。N_{des}-N_{max} 曲线的斜率的值计算如下：

$$K_2 = \frac{G_{mm3} - G_{mm2}}{N_{max} - N_{des}} \tag{1.4.12}$$

式中：N_{des}——达到设计压实次数的旋转次数；

N_{max}——最大旋转次数；

G_{mm2}——旋转次数 $N = N_{des}$ 时的 G_{mm}；

G_{mm3}——最大旋转次数时的 G_{mm}。

由公式(1.4.12)可知，K_2越大，说明混合料在行车荷载作用下追密作用越为明显；反之，说明沥青混合料在行车荷载重复作用下不易发生追密作用，其抗变形能力越强。如果终压后的压实度越高，则 K_2越小，抗车辙能力越强。因此，在条件允许的情况下提高现场施工时的压实度可以有效防止行车荷载作用下车辙的产生。

4.2.4.1　CA 比对 K_2值的影响分析

对不同 CA 比在最佳油石比旋转压实 N_{des} = 100 次数时 K_2值进行计算，其结果见表 1.4.18 和图 1.4.7。

不同 CA 在最佳油石比旋转压实 N_{des} = 100 次数的 K_2值　　表 1.4.18

CA 比	0.5	0.6	0.7	0.8	0.9
K_2值	0.0217	0.0216	0.0214	0.0211	0.0236

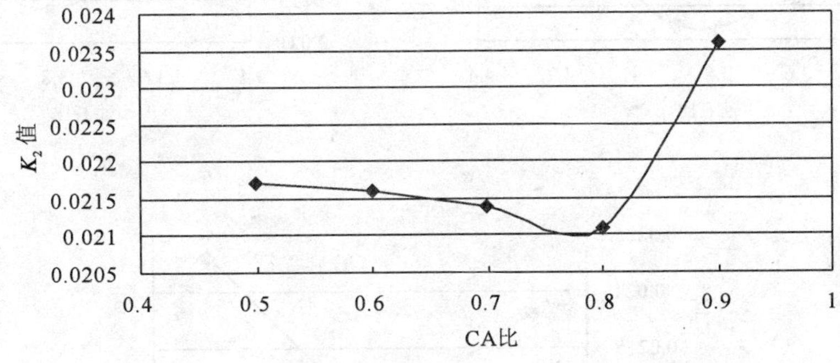

图 1.4.7　最佳油石比旋转压实 N_{des} = 100 次数的 K_2值

由表 1.4.18 和图 1.4.7 可以看出，当 CA < 0.8 时，随着 CA 的增大，K_2值也逐渐减小，即表明开放交通后沥青混合料越来越难被追密；当 CA > 0.8 时，随着 CA 的增大，K_2值逐渐增大，表明开放交通后，沥青混合料越来越易压实。因为当 CA < 0.8 时，随着 CA 比的逐渐增大，粗集料中 *D*/2 ~ [PCS] 粒径颗粒逐渐增多，这些颗粒填充了 AC-25 中 *D* ~ *D*/2 粒径颗粒间的空隙，在施工压实时，混合料已经形成骨架密实型结构，故在开放交通后，混合料越来越难被追密；当 CA > 0.8 时，随着 CA 比逐渐增大，且当 CA 比接近 1.0 时，因为这时粗集料中 *D*/2 ~ [PCS] 粒径的颗粒继续增加，已超出了填充 AC-25 中 *D* ~ *D*/2 粒径颗粒间的空隙的需要，对粗集料的干涉作用越来越明显，这时 *D*/2 ~ [PCS] 粒径颗粒将抑制粗集料的骨架结构形成，而较大粒径的粗集料悬浮于其中，无法形成骨架密实型，故在开放交通以后，较容易被追密。

4.2.4.2　油石比比对 K_2值的影响分析

对不同 CA 比和不同油石比在设计旋转压实 N_{des} = 100 次数时的 K_2值进行计算，其结果见表 1.4.19 和图 1.4.8。

旋转压实 $N_{des}=100$ 次数各个 CA 比下不同油石比 K_2 值　　表 1.4.19

CA 比	油石比(%)	设计旋转压实次数	K_2 值
0.6	3.6	100	0.0221
	3.9	100	0.0217
	4.2	100	0.0235
0.7	3.5	100	0.0226
	3.8	100	0.0214
	4.1	100	0.0223
0.8	3.5	100	0.0218
	3.8	100	0.0211
	4.1	100	0.0223

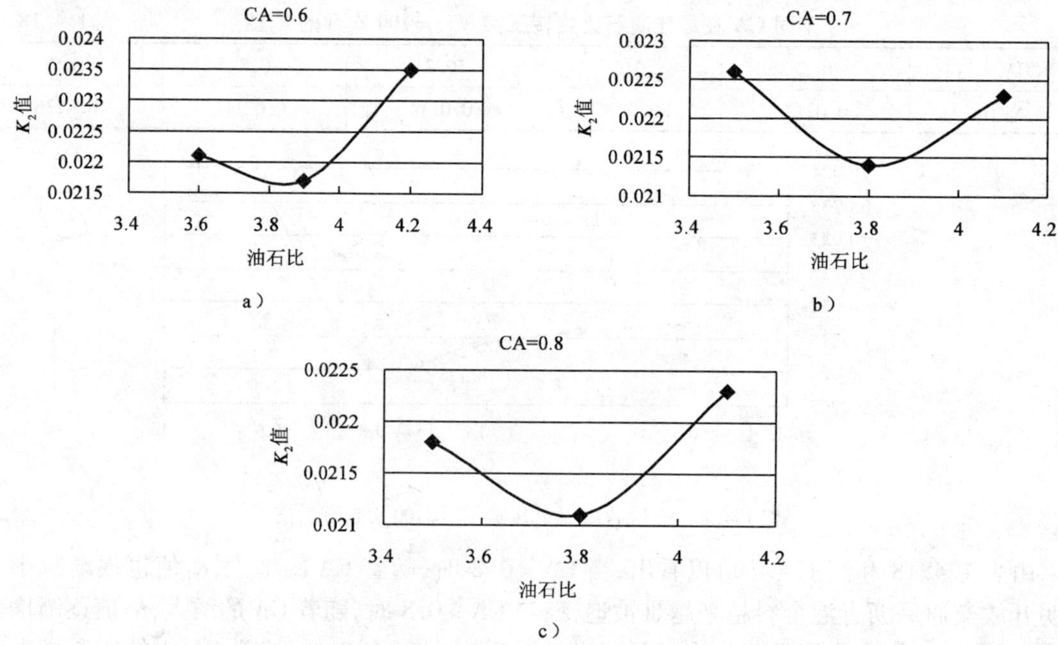

图 1.4.8　在旋转压实 $N_{des}=100$ 次下各个 CA 比下油石比与 K_2 值的变化图

由表 1.4.19 和图 1.4.8 可以看出,在同一 CA 比中,当沥青混合料油石比小于最佳油石比时,随着油石比的增大,K_2 值逐渐减小,表明开放交通后,沥青混合料越来越难压实。这是由于油石比过少,不足以起到润滑作用,混合料显干涩,在施工过程中不易压实,混合料未压实,空隙率较大,导致沥青路面在使用中易被追密。沥青混合料油石比大于最佳油石比时,随着油石比的增大,K_2 值逐渐增大,即表明沥青混合料在使用过程中越来越易被压实。这是由于油石比过多,除起到润滑作用外,还有多余的富余沥青,当路面在使用过程中,集料在车辆荷载的作用下不断密实,使富余沥青被挤出路面,先形成路面的泛油及车辙,后形成骨架密实型,故易被追密(同时路面表面极大,较易发生泛油)。综上所述,沥青混合料应在最佳油石比下压实，这样沥青混合料路面在使用过程中不易被追密。

4.2.4.3　设计旋转压实次数对 K_2 值的影响分析

对不同 CA 比和不同设计旋转压实次数在最佳油石比时的 K_2 值进行计算，其结果见表 1.4.20和图 1.4.9。

最佳油石比、各个 CA 比下不同设计旋转压实次数的 K_2 值　　表 1.4.20

CA 比	最佳油石比(%)	设计旋转压实次数	K_2 值
0.6	3.9	75	0.0229
	3.9	100	0.0217
	3.9	125	0.0165
0.7	3.8	75	0.0347
	3.8	100	0.0214
	3.8	125	0.0174
0.8	3.8	75	0.0323
	3.8	100	0.0211
	3.8	125	0.0155

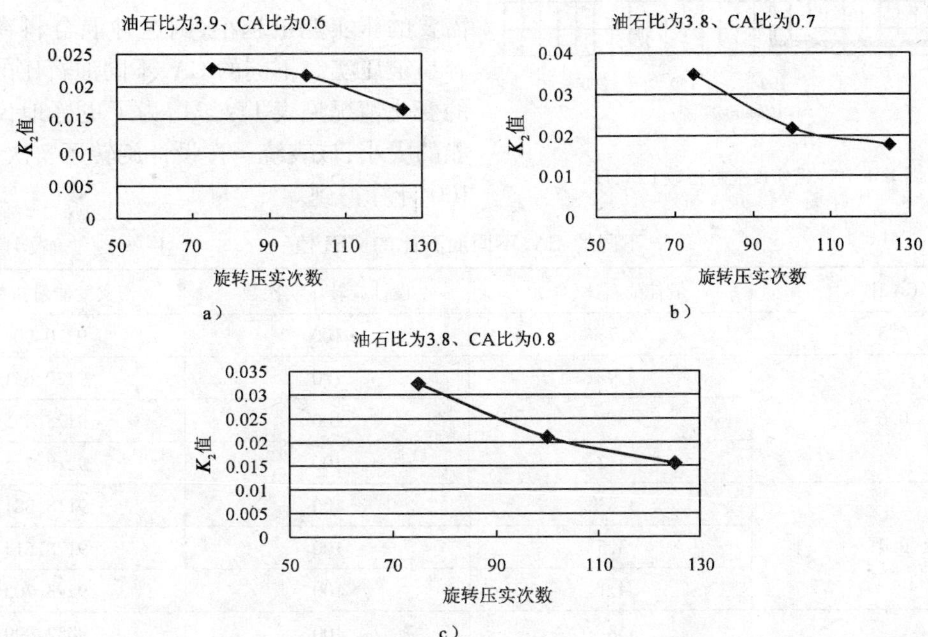

图 1.4.9　最佳油石比、各个 CA 比下不同设计旋转压实次数与 K_2 值关系图

由表 1.4.20 和图 1.4.9 可以看出，在同一 CA 比中，随着设计旋转压实次数增加时，K_2 值逐渐减小，即表明沥青混合料在使用过程中越来越不易被追密。这是因为设计旋转压实次数增加，混合料达到的密实度也就相应提高，所以随着设计旋转压实次数增加，混合料的密实度也相应地增加，故在使用过程中不易被行车荷载所压实。

4.2.5 密实度能量指数 CEI 与交通密实指数 TDI 分析

虽然密实曲线上某一点斜率或某一区间的平均斜率反映了混合料的可压实性能,但是它不能精确地表达施工压实和开放交通期间压实路面所需要的总功或总的能量,所以这里采用一个和能量有关的指数(以下简称密实度能量指数)。在密实曲线上任取两点,对这两点围成的区域进行积分,就可以得到这一区间的能量指数,它表示旋转压实条件下,减少混合料空隙率所需要做的功。

对照沥青路面空隙率在施工和服务期间的变化,由旋转压实仪 SGC 得到的曲线也可以分为反映施工期间的混合料密实度变化(施工密实)和开放交通后密实度变化(交通密实),这两部分的面积即密实度能量指数 CEI 和交通密实指数 TDI。

1)密实度能量指数 CEI(Construction Energy Index)

施工工程中的密实能量指数 CEI 是指混合料在铺筑过程中,使其压实到一定的密实度时,摊铺机和压路机所做的功。沥青混合料旋转密实曲线的面积大小表示外力所做功的大小,所以由 $N=1$ 至 $N=N_{des}$ 的密实曲线反映了混合料在摊铺碾压阶段的压实特性。以 $N=1$ 至 $N=N_{des}$ 的密实曲线下的面积表征压实能量指数 CEI,见图 1.4.10,若 CEI 越小,表示混合料所需要的压实能量越小,则这种混合料在施工越容易被压实。不同的 CA、不同油石比的 CEI 值的变化情况见表 1.4.21,为了更好地说明压实能的大小,该表统一按设计旋转压实次数 $N_{des}=100$ 计算得到。

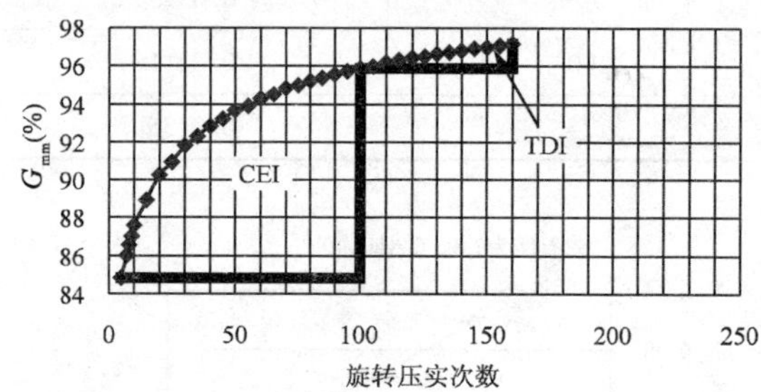

图 1.4.10 密实度能量指数 CDI、TDI

不同的 CA、不同油石比的 CEI 值 表 1.4.21

CA 比	最佳油石比(%)	设计旋转压实次数	密实度能量指数 CEI
0.5	3.7※	100	9270.906
0.6	3.9※	100	9127.631
	3.6	100	9178.055
	4.2	100	9218.715
0.7	3.8※	100	9118.881
	3.5	100	9178.514
	4.1	100	9273.703
0.8	3.8※	100	9052.299
	3.5	100	9077.206
	4.1	100	9242.484
0.9	3.8※	100	9228.893

注:※号表示为最佳油石比。

由表 1.4.21 可以看出,在最佳油石比条件下,各 CA 比的变化规律为:当 CA <0.8 时,随

着 CA 的增大,CEI 值也逐渐减小,即沥青混合料越来越易压实;当 CA >0.8 时,随着 CA 的增大,CEI 值逐渐增大,即沥青混合料越来越难压实。这与我们前面讨论的 $N_{ini} \sim N_{des}$间在常用半对数图上的密实度斜率 K_1的结论是一致的。

从表 1.4.21 中还可以得出:在 CA 比为 0.6、0.7、0.8 时,不同油石比中 CEI 值的变化规律是相同的。我们现在以 CA =0.8 为例进行讨论:当油石比小于最佳油石比时,随着油石比的增大,CEI 值也逐渐减小,即沥青混合料所需要的压实能减小,混合料越来越易压实;当油石比大于最佳油石比时,随着油石比的增大,CEI 值逐渐增大,即沥青混合料所需要的压实能增加,混合料越来越难压实。这与我们前面讨论的 $N_{ini} \sim N_{des}$间的密实曲线的密实度斜率 K_1的结论是一致的。

2)交通密实指数 TDI(Traffic Densification Index)

道路开放交通后,在交通荷载的重复作用下会发生追密作用,因此 TDI 定义为由 $N = N_{des}$至 $N = N_{max}$范围内所做的功,以 $N = N_{des}$至 $N = N_{max}$的密实曲线下的面积表征压实能量指数 TDI,见图 1.4.10。TDI 越大,说明由 $N = N_{des}$至 $N = N_{max}$外力所做的功越大,沥青混合料的抗密实能力大,即在使用阶段较为稳定。不同的 CA、不同油石比的 TDI 值的变化情况见表 1.4.22,为了更好地说明压实能量的大小,该表统一按设计旋转压实次数 N_{des} =100 计算得到。

不同的 CA、不同油石比的 TDI 值的变化情况　　表 1.4.22

CA 比	最佳油石比(%)	设计旋转压实次数	密实度能量指数 CDI
0.5	3.7※	100	5745.993
0.6	3.9※	100	5799.05
	3.6	100	5718.812
	4.2	100	5762.68
0.7	3.8※	100	5871.369
	3.5	100	5767.327
	4.1	100	5850.522
0.8	3.8※	100	5894.417
	3.5	100	5763.154
	4.1	100	5868.214
0.9	3.8※	100	5825.693

注:※号表示为最佳油石比。

从表 1.4.22 可以得出,在最佳油石比条件下,各 CA 比的变化规律为:当 CA <0.8 时,随着 CA 的增大,TDI 值也逐渐增大,即沥青混合料的抗密实能力越来越大,在使用阶段较为稳定;当 CA >0.8 时,随着 CA 的增大,TDI 值逐渐减小,即沥青混合料抗密实能力越来越差,在使用阶段较不稳定。这与我们前面讨论的 $N_{ini} \sim N_{des}$间在常用半对数图上的密实度斜率 K_2的结论是一致的。

对于厚层沥青混合料,要达到预期的压实效果,应该在施工阶段较容易被压实,但在开放交通的使用阶段很难产生追密变形的沥青混合料,对 K_1、K_2、CEI、TDI 等因素的分析研究表明,AC-25 沥青混合料应取 CA 比为0.8 或0.8 附近,油石比应取最佳油石比,设计旋转压实次数视实际交通水平,考虑实际情况应适当提高。该研究岭南高速按设计交通量时,设计旋转压实次数应为75次,但根据压实特性分析结果,将设计旋转压实次数提高到100次。

4.3 本章小结

(1)沥青混合料密实曲线精确地反映的是混合料在开始压实阶段从初始状态(对应于$\gamma <$ 89%的混合料空隙率11%)压实到设计空隙率4%再到极限空隙率2%的过程。所以该曲线反映的是沥青混合料在施工期间的压实特性和开放交通后的交通荷载作用下的密实度变化特性。

(2)对于AC-25型在最佳油石比和相同的设计旋转压实条件下,当CA<0.8时,随着CA的增大,K_1值也逐渐增大,CEI逐渐减小,即沥青混合料在碾压阶段更容易压实,而在开放交通阶段更难以压实;当CA>0.8时,随着CA的增大,K_1值逐渐减小,CEI逐渐增大,即沥青混合料在施工碾压阶段更难以压实;当CA=0.8时,K_1值最大,CEI最小。当CA<0.8时,随着CA的增大,K_2值也逐渐减小,TDI值增大,即表示开放交通后沥青混合料难以被追密;当CA>0.8时,随着CA的增大,K_2值逐渐增大,TDI值逐渐减小,表明开放交通后,沥青混合料更容易追密;当CA=0.8时,K_2值最小,TDI值最大。

(3)相同的CA比和设计旋转压实条件下,当沥青混合料油石比小于最佳油石比时,随着油石比的增大,K_1值逐渐增大,CEI逐渐减小,即沥青混合料在碾压阶段更容易压实;当沥青混合料油石比大于最佳油石比时,随着油石比的增大,K_1值逐渐减小,CEI增大,即沥青混合料在碾压阶段更难以压实。当沥青混合料在最佳油石比时,K_1值最大,CEI最小。当沥青混合料油石比小于最佳油石比时,随着油石比的增大,K_2值逐渐减小,TDI逐渐增大,表明开放交通后,沥青混合料更难以压实。当沥青混合料油石比大于最佳油石比时,随着油石比的增大,K_2值逐渐增大,TDI逐渐减小,表明开放交通后,沥青混合料更容易压实。

(4)在相同CA时和用油量时,当设计旋转压实次数增加,K_1值逐渐减小,CEI逐渐增大,即沥青混合料更难以压实。这是因为在施工阶段设计旋转压实次数增加,混合料达到的密实度也就相对提高一个等级。在同等条件下,所需要的压实功相对增加,故压实难度也相应增加。相反,在道路的使用阶段,由于设计旋转压实次数增加,混合料本来就具有较高的密实度,故在使用阶段被追密也就相对困难。随着设计旋转压实次数增加,K_2值逐渐减小,TDI值逐渐增大,即表明沥青混合料在使用过程中更难以被追密。这是因为设计旋转压实次数增加,混合料达到的密实度也就相应提高了一个等级,所以随着设计旋转压实次数增加,混合料的密实度也相应地增加,故在使用过程中不易被行车荷载所压实。

(5)此课题推荐厚层沥青混合料采用A_3级配最佳油石比为3.8%,设计旋转压实次数为100次。

第 5 章　大厚度沥青混凝土 AC-25 路用性能研究

该课题研究的厚层沥青混凝土路面在沥青路面结构中属于下面层，它所面临的气候条件已不如面层沥青混凝土恶劣，受外界温度的影响作用也不如面层沥青混凝土敏感剧烈。同时采用弹性层状理论计算程序 Bisar 对厚层沥青混合料进行力学分析研究（详情见本书第 3 章）表明：当采用厚层沥青路面结构时，厚层沥青层（即 AC-25 沥青混凝土）的层底弯拉应力为负值，即为压应力。因而，AC-25 厚层沥青混合料与上面层沥青混合料不同，其抗弯拉疲劳开裂及低温抗裂性的要求相对较低，抵抗竖向的永久变形和水稳定性是沥青混合料路用性能要求的两个主要方面。

5.1　沥青混合料高温稳定性

沥青混合料高温稳定性习惯上是指沥青混合料在荷载作用下抵抗永久变形的能力。稳定性不足的问题，一般出现在高温、低加荷速率以及抗剪切能力不足时，也即混合料的劲度较低情况下，其常见的损坏形式主要有推移、拥包、搓板、车辙等。

国内外大量沥青路面的使用情况表明，车辙是沥青混凝土路面损坏的主要形式之一。因此，必须对沥青混合料的高温变形性能进行研究。目前，国内外研究对于评价沥青混合料高温稳定性的试验方法主要有以下几种。

（1）无侧限抗压强度法。这是苏联早年提出的，现在仍在应用。它是以沥青混合料在不同温度下的抗压强度比值来表示热稳定性的，其表达式为：

$$K=\frac{R_{20}}{R_{50}} \tag{1.5.1}$$

式中：K——沥青混合料热稳定性系数；

R_{20}——20℃时沥青混合料的抗压强度；

R_{50}——50℃时沥青混合料的抗压强度。

苏联沥青路面设计规范规定，热稳性系数 K 必须小于 3。但是我国的实践表明，虽然沥青混合料的热稳性系数小于 3，但在夏季高温下，仍不能保证沥青路面的热稳性。这一方面是因为热稳性系数 $K<3$，实质上仅是反映了混合料的感温性，并不反映材料在高温下的抗变形能力；另一方面，苏联是高纬度国家，夏季气温不高，对沥青混合料的高温稳定性要求实际上并不高。

（2）马歇尔试验。马歇尔试验是美国密西西比州公路局马歇尔工程师提出来的。马歇尔试验是将沥青混合料制备成 ϕ101.6mm × 63.5mm 的试件，试验时将试件侧向置于半圆状的压模中,使试件受到一定的侧限。压缩试件至破坏的压力称之为马歇尔稳定度,以牛顿(N)计;以破坏时试件的压缩量表征试件的变形性能,称之为流值,以0.1mm计。试验温度为60℃,模拟夏季沥青路面的最高温度。

(3)三轴试验。三轴试验一般采用的试件尺寸为ϕ100mm×200mm,试验温度为60℃。加载常采用静态压缩试验的方式,荷载可以是单轴、三轴和各向同性。动态加载是采取单轴正弦波压缩,荷载频率10Hz。由动载试验可确定复合模量E和不可逆变形ε,用以和静载试验相比较。在三轴荷载下,摩擦力的作用比单轴荷载下显著,尽管如此,如果集料的质量保持不变,用单轴试验也可对沥青混合料的抗永久变形能力作出可靠的评价。但是由于三轴试验相当麻烦,故实际应用很少。

(4)蠕变试验。沥青混合料是典型的黏弹性材料,因而,蠕变试验最能反映其特性。蠕变试验有轴向压缩蠕变、轴向重复压缩蠕变、剪切蠕变、弯曲蠕变、劈裂蠕变等试验。加载的方式可以是静载,也可以是动载。蠕变试验花费的时间较长,尤其是试验时必须保持试件恒定的温度和稳定的应力水平,试验要求比较严格。由于单轴静载压缩蠕变试验加载方式比较简单,同时静载试验的结果与动载试验有很好的相关性,所以,常采用单轴静载压缩蠕变试验。蠕变试验的温度多数选择35℃或40℃。对于普通沥青混合料,施加的荷载一般为0.1MPa,加载和卸载的时间各取60min,但应以应变基本趋于恒定为准。

(5)车辙试验。这是模拟车轮荷载在路面上行驶而形成车辙的工程试验方法。室内小型往复式车辙试验、大型环道试验以及直道行走试验等都属于车辙试验,但小型往复车辙试验由于设备简单,试验方便,原理直观,虽然它并不给出材料的力学参数,也不能预估沥青混合料车辙变形的发展,但它易于被人们理解和接受,同时车辙试验的结果与实际沥青路面的车辙之间有良好的相关性,因而国内外应用广泛。试验温度主要根据各地的气温决定,各个国家有很大差异,比如英国道路研究所规定为45℃;日本道路协会规定为60 ℃,但对于北海道地区因为气温较低,试验温度可为45 ℃;法国LCPC规定为50~60℃范围内;美国南北气温相差较大,但SHRP规定为40℃;我国沥青规范规定车辙温度是60℃。

车辙试验结果得到车辙变形随时间变化的曲线,由于车辙试验开始时机械装置有一调整过程,会有虚假变形,故一般不以试件的总变形来评价混合料的抗车辙性能,而以变形趋于稳定的45~60min这一段时间的车辙变形计算混合料的抗永久变形能力,以动稳定度DS表示。

(6)简单剪切试验。简单剪切试验采用美国SHRP开发的Superpave剪切试验机,该机是一套液压伺服闭环试验系统,包括加载系统、试验控制系统、数据采集系统、环境控制箱和液压系统。试验时,在保持沥青混合料试件高度不变的情况下,以控制应变的方式对试件施加正弦波形剪切荷载测量沥青混合料的动态剪切特性。在试验过程中,测定并记录轴向荷载和剪切荷载,试件的垂直位移和水平位移,经计算后直接输出剪切应力、剪切应变、复数剪切模量、相位角、储存模量、损失正切等力学参数,试验结果能较好地反映沥青混合料的高温性能。

综上所述,结合工程实际和试验条件,本书采用室内车辙试验和马歇尔试验两种方法来评价厚层沥青混合料(AC-25)的高温稳定性。

5.1.1 各种级配的车辙试验

通过第4章对密实曲线特性分析研究,推荐了CA=0.8的沥青混合料为最佳级配,为此,课题重点对 CA 比为 0.7、0.8、0.9 三个级配在最佳油石比是进行车辙试验。

1)试验方法

试验温度:本研究是针对下面层沥青混合料,其所面临的环境条件没有上面层严峻,最高温度远远低于 60℃。有研究表明,路面下 11cm 处的最高温度一般低于 45℃,另外东南大学杨群的研究也表明,位于路面下 10cm 左右的沥青层,其温度已经低于气温。当气温过高时,10cm 下的温度可能高于气温,但不会相差太大,因此,可以认为,较高温度下的沥青混凝土的平均温度可以近似用气温来表示。他在对沥青路面深度为 10cm 处沥青混合料的高温性能研究中采用的温度为 40℃。但本次车辙试验,为保守及稳妥一些,该试验仍然按《试验规程》规定为 60℃。

试验具体方法为:

(1)试件成型:采用轮碾仪成型 300mm×300mm×50mm 尺寸试件,总荷载为 9kN(压实线荷载 300N/cm),依据设计的混合料密度计算混合料用量,人工装料并预击实,启动轮碾机,先在一个方向碾压 2 个往返(即 4 次),卸载,再抬起碾压轮,将试件调转方向(180°),再碾压 12 个往返(24 次)即可。

(2)试验荷重:施加的总荷重为 78kg 左右,使试验轮与试件的接触压强在 60℃时为 0.7MPa±0.05MPa。

(3)试验温度及试件养生时间:将试件和试模一起,置入已达到试验温度 60℃±1℃的恒温中,保温养生 6h。

(4)行走距离及行走速度:试验轮行走距离为 230mm±10mm,行走速度 42 次/min±1 次/min(21 次往返/min),其行走方向与试件碾压或行车方向一致。

(5)试验结束条件:试验轮往返行走时间约 1h 或最大变形到达 25mm 时为止。

(6)动稳定度计算方法:

$$DS = \frac{(t_2 - t_1) \times N}{d_2 - d_1} \times C_1 \times C_2 \tag{1.5.2}$$

式中:DS——沥青混合料的动稳定度(次/mm);

d_1——对应于 t_1 的变形量(mm);

d_2——对应于 t_2 的变形量(mm);

C_1——试验机类型的修正系数,曲柄连杆驱动试件的变速行走方式为 1.0,链驱动实验轮的等速方式为 1.5(该试验 C_1 取 1.0);

C_2——试件系数,实验室制备的宽 300mm 的试件为 1.0,从路面切割的宽 150mm 的试件为 0.8(该试验 C_2 取 1.0);

N——试验轮往返碾压速度,该试验为 42 次/min;

t_1、t_2——一般取 45min 为 t_1,60min 为 t_2,当变形过大时,在未达到 60min 变形已达到 25mm 时,则以达到 25mm(d_2)时的时间为 t_2,将其前 15min 取为 t_1,且此时的变形量为 d_1。

2)各种级配的车辙动稳定度分析

车辙试验多用于面层沥青混合料的高温稳定性能评价,以动稳定度作为评价指标,还应考虑竖向变形指标,以此评价其抗永久变形能力。混合料的动稳定度高、竖向变形小,其抗永久变形性能好。车辙试验动稳定度结果见表 1.5.1,60min 时车辙深度见表 1.5.2。

车辙试验动稳定度 表1.5.1

项 目		车辙板1	车辙板2	车辙板3	平均值	标准差
动稳定度（次/mm）	CA = 0.8	2587	2788	2582	2652	96
	CA = 0.7	1749	1689	2164	1867	211
	CA = 0.9	1966	2440	1566	1991	357

60min时各车辙板的车辙深度 表1.5.2

项 目		车辙板1	车辙板2	车辙板3	平均值	标准差
车辙深度（mm）	CA = 0.8	2.853	2.556	2.486	2.628	0.161
	CA = 0.7	3.268	3.974	3.100	3.447	0.379
	CA = 0.9	2.714	2.866	3.076	2.885	0.148

车辙试验变形量—试验轮往返次数关系图（选择CA=0.8车辙板2），见图1.5.1。

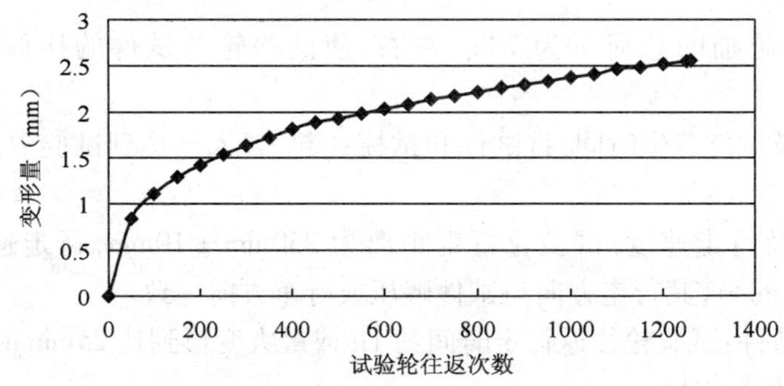

图1.5.1 车辙试验变形—试验轮压往返次数关系图

从图1.5.1中可以看出，沥青混合料都是在试验初期变形增加很快（因为车辙刚开始存在虚假变形），随后，变形增加的速率越来越慢，基本呈直线变化。这是由于试验初期时，剩余空隙被压缩，处于半流动状态的沥青及沥青与矿粉组成的胶浆被挤进矿料间隙中，同时集料被强力排列成具有一定骨架的结构。随此之后，混合料变形速率随时间逐渐减缓，此时矿质骨架承担主要荷载，骨架结构越好，混合料变形速率减缓越快。

现行《公路沥青路面施工技术规范》（JTG F 40—2004）规定普通沥青混合料的动稳定度不应低于800次/mm，从表1.5.1可以看出级配CA=0.8沥青混合料的动稳定度都超过2500次/mm，无疑远远高于这个标准。且推荐CA=0.8的AC-25级配的动稳定度均大于CA=0.7和CA=0.9沥青混合料的动稳定度。由此可见，该课题推荐AC-25型沥青混凝土级配具有较好的抗车辙性能。

3）车辙曲线斜率分析

由于我国《公路工程沥青及沥青混合料试验规程》（JTG E20—2011）规定：车辙试验的动稳定度是由车辙试验的后15min计算得到的，这不能全面反应沥青混合料的抗车辙性能，这因为：一是车辙动稳定度仅仅表征车辙后15min的动稳定度；二是由式（1.5.2）可知，车辙动稳定度计算是由第45min和第60min两点的车辙变形量计算得到的。除此之外，车辙试验刚刚开始时的车辙变形量存在虚假变形，这也不能用整条车辙曲线来反应沥青混合料的抗车辙性。

又考虑到车辙板成型时的成型密度已达到马歇尔标准击实试件密度100±1%的要求,AC-25沥青混合料的车辙成型压实度也接近施工成型压实度。

基于以上原因,在此提出沥青混合料抗车辙嵌锁点,它是指车辙试验轮在压实沥青混合料过程中车辙变形量连续往返不变的第一次的荷载往返次数,沥青混合料抗车辙嵌锁点标志沥青混合料在开放交通后,整个沥青混合料已形成嵌锁,开始抵抗行车荷载进一步追密变形。如表1.5.3所示为CA=0.8车辙板3的沥青混合料在车辙板压实过程中压实车辙变形的变化过程,可以看出沥青混合料抗车辙嵌锁点出现在第314次。表1.5.4是不同CA比的AC-25沥青混合料抗车辙嵌锁点值。

CA=0.8车辙板3的沥青混合料抗车辙嵌锁点值　　表1.5.3

抗车辙嵌锁点值	1	2	3	4	5	6	7	8	9	10
300	1.50	1.50	1.50	1.51	1.51	1.51	1.51	1.51	1.52	1.52
310	1.52	1.52	1.52	1.53	1.53	1.53	1.53	1.53	1.53	1.53
320	1.53	1.54	1.54	1.56	1.56	1.56	1.56	1.56	1.56	1.57
330	1.57	1.57	1.57	1.57	1.57	1.58	1.58	1.58	1.58	1.58

在各种条件下的沥青混合料抗车辙嵌锁点值　　表1.5.4

CA值	0.7			0.8		
车辙板编号	车辙板1	车辙板2	车辙板3	车辙板1	车辙板2	车辙板3
沥青混合料抗车辙嵌锁点	400	323	424	336	291	314
CA值	0.9			—		
车辙板编号	车辙板1	车辙板2	车辙板3	—	—	—
沥青混合料抗车辙嵌锁点	362	352	319	—	—	—

这里所指的车辙曲线是以车辙的变形量为纵坐标,以压实次数为横坐标的变形曲线,见图1.5.1。现在对车辙实验变形图的沥青混合料抗车辙嵌锁点后的车辙数据进行拟合,其方程为:

$$Y=aX+b \tag{1.5.3}$$

式中:Y——车辙变形量(mm);

X——车辙仪往返次数(次);

a、b——回归差数。

通过回归分析计算,确定参数a、b及相关系数R^2,其结果见表1.5.5。线斜率a值表征了车辙试验轮每行走1次往返,车辙板的变形量(mm),级配CA=0.9沥青混合料车辙板3的拟合直线见图1.5.2。其中a值能较好地反映沥青混合料在抗车辙嵌锁点以后的车辙变化率。在相同试验设备条件下,a值越小,即直线斜率越小,说明混合料的抗车辙性能越强;a值越大,说明该沥青混合料的抗车辙变形性能越弱。规范规定车辙动稳定度大于800次/mm,通过计算可知,只要斜率小于0.0025就符合规范要求,由表1.5.5可知,本次试验的各车辙均符合规范要求,CA=0.8时a值最小,其抗车辙性能最好,这与动稳定度分析一致,也与第4章沥青混合料的压实特性一致。

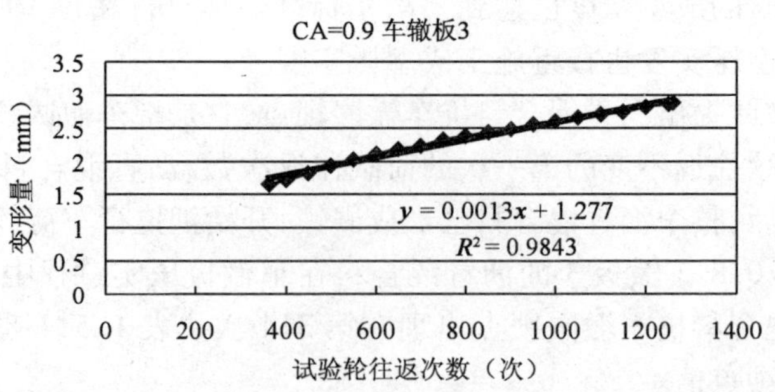

图 1.5.2　CA = 0.9 车辙板 3 的直线斜率图

各个车辙板的平均斜率　　表 1.5.5

CA 值	0.7			0.8		
车辙板号	车辙板 1	车辙板 2	车辙板 3	车辙板 1	车辙板 2	车辙板 3
a 值	0.0018	0.0016	0.0012	0.0010	0.0009	0.0010
b 值	2.2751	2.2246	1.0795	1.3068	1.4629	1.296
R^2	0.9855	0.985	0.9868	0.9901	0.9831	0.9881
CA 值	0.9			—		
车辙板号	车辙板 1	车辙板 2	车辙板 3	规范稳定度(800)		
a 值	0.0013	0.0012	0.0013	0.0025		
b 值	1.277	2.07	1.6428	—	—	—
R^2	0.9843	0.9821	0.9903	—	—	—

直线斜率 *a* 值与动稳定度相比具有以下几个优点：一是动稳定度反应的是混合料最后 15min 的车辙变形，由表 1.5.4 可知，直线斜率 *a* 值可以反映混合料最后大约 40min 的车辙变形；二是由式(1.5.2)可以知，动稳定度是由沥青混合料第 1260 次和 945 次两点的车辙变形计算获得，直线斜率 *a* 值是抗车辙嵌锁点以后所有变形量的拟合直线斜率。

直线斜率 *a* 值与混合料压实特性的参数 K_2 值都能反映沥青混合料在开放交通后的密实性能，但 *a* 值与 K_2 值相比，具有以下三个优点：一是该课题研究的厚层沥青混凝土处于路表以下 10cm，其最高温度只有 40℃左右，旋转压实试件成型温度高达 120℃以上，车辙试验只有 60℃，由此可知车辙试验更接近道路使用实际温度。二是设备仪器较容易获得，进口旋转压实仪(SGC)仪器价格昂贵，在我国屈指可数，国产旋转压实仪(SGC)仪器稳定性差，数据不可靠；而车辙试验仪器，特别是小型往复车辙试验由于设备简单，试验方便，原理直观，在国内外应用广泛，在这方面具有优势。三是 K_2 值仅是一个斜率，并无物理意义，而直线斜率 *a* 值表征了车辙试验轮每行走 1 次往返，车辙板的变形量(mm)，*a* 值更易于为人们所理解和接受。四是 K_2 值随 CA 比、油石比、设计旋转压实次数的变化而变化，只能用于几个级配比较，但直线斜率 *a* 值可以根据动稳定度计算出标准，用以检验任一级配是否符合抗车辙要求。

5.1.2　马歇尔试验

通过对压实特性和车辙试验研究分析，确定对推荐最优级配 CA = 0.8，在最佳油石比

(3.8%)时进行马歇尔试验。本试验方法采用击实法成型圆柱体试件。试验具体方法如下。

(1)试件成型:本试验采用击实成型,试件尺寸为 ϕ101.6mm×63.5mm,标准击实锤质量为4536g±9g,击实锤从457.2mm±1.5mm高度沿导向棒自由落下击实,双面击实各75次。

(2)试件尺寸:试件尺寸应符合直径101.6mm±0.25mm、高63.5mm±0.1mm的要求。

(3)试验温度及试件养生时间:将冷却试件置入已达到试验温度60℃±1℃的恒温中,保温养生30~40min;试件之间应有间隔,底下应垫起,离容器底部不小于5cm。

(4)取出试件立即按规程T 0709—2000用50mm/min的加载速率进行稳定度试验。试件马歇尔稳定度见表1.5.6。

马歇尔稳定度和流值　　表1.5.6

项　目	试件1	试件2	试件3	试件4	平均值
稳定度(kN)	14.92	12.00	12.27	13.26	12.68
流值(0.1mm)	2.34	2.70	2.18	3.56	3.37

注:试件1的马歇尔稳定度与平均值之差大于标准差的1.46倍,该值舍弃,该平均值是以其余3个试件的试验结果做平均。

现行的《公路沥青路面施工技术规范》(JTG F 40—2004)规定沥青混合料的稳定度大于8kN,流值范围在2~4。由表1.5.6可知,本研究的马歇尔稳定度平均值为12.68kN,且最小为12kN,无疑远远大于这个标准。且流值均在2~4范围内。因此该研究的沥青混合料马歇尔稳定性较好。

5.2　沥青混合料水稳定性能

沥青混合料层的水损害是指水分逐渐渗入沥青与集料的界面上,使沥青黏附性降低并逐渐丧失黏附力,沥青膜从石料表面脱落剥离,沥青混合料松散,破坏了沥青混合料的整体性,降低了混合料的延展变形能力。所以水的介入主要是降低了混合料内部的黏结力,集料与沥青剥离,形成松散丧失强度,造成集料颗粒的分裂、滑移,从而加速了层底疲劳开裂的损坏现象。

由于厚层沥青混合料(AC-25)用于下面层,其水损害已远不如上面层严重,因为大部分的地表水经上面层混合料的阻挡,下渗的水分已大量减少;同时,经面层应力扩散后的汽车动荷载作用的动水压力也急剧下降;再则,无需考虑轮胎飞速旋转引起的真空负压抽吸的反复循环作用。此外,没有了地表辐射、吸热作用以及温度传递随深度的递减规律使得厚层沥青混合料面临的高低温状况都大为改善。所以,作为下面层沥青混合料水稳定性要求较上面层沥青混合料有所降低。

目前,评价沥青混合料水稳性的方法很多,其中得到广泛应用的有:浸水马歇尔试验、冻融劈裂试验、真空饱水马歇尔试验、真空饱水劈裂试验、浸水抗压强度试验、浸水劈裂强度试验、浸水车辙试验等。这里采用《公路工程沥青及沥青混合料试验规程》(JTG E 20—2011)中浸水马歇尔试验及冻融劈裂试验两种方法来研究不同级配沥青混合料的水稳定性能。

5.2.1 浸水马歇尔试验

通过对压实特性和车辙试验研究分析，确定对推荐最优级配 CA = 0.8，在最佳油石比(3.8%)时进行马歇尔试验。本方法采用击实法成型圆柱体试件，尺寸为 ϕ101.6mm × 63.5 mm。将沥青混合料级配成型 8 个试件，分成两组，其中一组直接进行马歇尔试验，即在 60℃水浴中恒温 30 ~ 40min，测定其稳定度 MS，另一组在 60℃水浴中恒温 48h 测定其稳定度 MS_1，计算残留稳定度 MS_0：

$$MS_0 = \frac{MS_1}{MS} \times 100 \tag{1.5.4}$$

式中：MS_0——试件的浸水残留稳定度(%)；

MS——试件浸水 30 ~ 40min 的稳定度(kN)；

MS_1——试件浸水 48h 的稳定度(kN)。

由公式(1.5.4)可计算马歇尔残留稳定度。马歇尔残留稳定度 MS_0见表 1.5.7。

残留稳定度 MS_0的实验数据 表 1.5.7

第一组试件	MS(kN)	第二组试件	MS_1(kN)	MS_0(%)	MS_0平均值(%)
试件 1	15.48	试件 1	13.09	84.56	82.97
试件 2	15.34	试件 2	12.59	82.07	
试件 3	14.87	试件 3	12.13	81.57	
试件 4	15.42	试件 4	12.90	83.66	

根据现行的《公路沥青路面施工技术规范》(JTG F 40—2004)规定普通沥青混合料浸水马歇尔试验残留稳定度不小于 80%(岭南高速属于年降雨量为 500 ~ 1000mm 范围)。由表1.5.7可以看出，试验研究的 AC-25 沥青混合料浸水马歇尔试验残留稳定度最小值为 81.57%，平均值为 82.97%，符合规范要求。

5.2.2 冻融劈裂试验

通过对压实特性和车辙试验研究分析，确定对推荐最优级配 CA = 0.8，在最佳油石比(3.8%)时进行马歇尔试验。采用击实法成型圆柱体试件，尺寸为 ϕ101.6mm × 63.5mm。试验步骤如下。

(1)将 CA 比为 0.8、最佳油石比为 3.8% 的 AC-25 沥青混合料级配成型 8 个试件，正反面各击实 50 次，测定试件的直径和高度，精确至 0.1mm。试件尺寸应符合直径 101.6mm ± 0.25mm、高 63.5mm ± 0.1mm 的要求。

(2)将试件随机分为两组。将第一组 4 个试件置于平台上，在常温下保存备用。

(3)将第二组 4 个试件进行真空饱水，方法按 T 0717—2000 的标准进行，在 98.3kPa (730 ~ 740mmHg)真空条件下保持 15min，然后打开阀门，恢复常压，试件在水中放置 0.5h。

(4)将试件取出放入塑料袋中，加入约 10mL 的水，扎紧袋口，将试件放入恒温冰箱(或家用冰箱的冷冻室)，冷冻温度为 − 18℃ ± 2℃的恒温环境箱中，保温 16h ± 1h。

(5)将试件取出,立即放入已保温为60℃ ±0.5℃的恒温水槽中,撕去塑料袋,保温24h。

(6)将第一组与第二组全部试件浸入25℃ ±0.5℃的水浴中保温2h。

(7)取出试件立即按规程T 0716—1993用50mm/min的加载速率进行劈裂试验,得到试验的最大荷载。

(8)冻融劈裂残留强度比按下列公式计算:

$$R_{T_1} = 0.006287 P_{T_1} / h_1 \tag{1.5.5}$$

$$R_{T_2} = 0.006287 P_{T_2} / h_2 \tag{1.5.6}$$

$$TSR = (R_{T_2} / R_{T_1}) \times 100 \tag{1.5.7}$$

式中:R_{T_1}——未进行冻融循环的第一组试件的劈裂抗拉强度(MPa);

R_{T_2}——经受冻融循环的第二组试件的劈裂抗拉强度(MPa);

P_{T_1}——第一组试件的试验荷载的最大值(N);

P_{T_2}——第二组试件的试验荷载的最大值(N);

h_1——第一组试件的试件高度(mm);

h_2——第二组试件的试件高度(mm);

TSR——冻融劈裂试验强度比(%)。

通过试验和式(1.5.5)~式(1.5.7)计算得到冻融劈裂值。冻融劈裂的数值见表1.5.8。

冻融劈裂的试验结果　表1.5.8

第一组试件	h_1	R_{T_1}	第二组试件	h_2	R_{T_2}	TSR(%)	TSR 平均值(%)
试件1	64.1	0.82	试件1	63.3	0.66	80.9	80.9
试件2	64	0.89	试件2	63.2	0.72	80.5	
试件3	63.6	0.78	试件3	64.1	0.64	82.7	
试件4	64.0	0.87	试件4	64.2	0.70	79.6	

根据现行的《公路沥青路面施工技术规范》(JTG F 40—2004)规定,普通沥青混合料的冻融劈裂实验的残留强度比不小于75%。由表1.5.8可以看出,该研究的冻融劈裂实验的残留强度比最小值为79.6%,平均值为80.9,符合规范要求。

综上所述,该研究推荐的AC-25沥青混合料在最佳油石比时具有良好的水稳定性。

5.3　本章小结

(1)通过第2章的常温拉应力计算可知:当采用厚层沥青路面时,沥青混合料沥青面层基本上不存在拉应力,故抗弯拉疲劳开裂、低温抗裂性的要求相对较低,因此重点对沥青混合料的抗高温车辙和水稳定性进行研究。

(2)对AC-25沥青混合料高温抗车辙性能进行研究。室内车辙试验和马歇尔试验结果表明,厚层沥青混合料(AC-25)的试验结果均符合规范要求,具有较好的高温稳定性。同时,本书提出沥青混合料抗车辙嵌锁点和车辙曲线斜率两个概念,车辙曲线斜率对沥青混合料的抗车辙性能具有一定评价作用。

(3)对 AC-25 沥青混合料的水稳定性进行研究。通过浸水马歇尔试验及冻融劈裂试验两种方法对 AC-25 沥青混合料的水稳定性进行研究,表明沥青混合料(AC-25)的水稳定性结果均符合规范要求,表明推荐级配的 AC-25 具有良好的水稳定性。

第6章　沥青路面大厚度全幅施工机械

6.1　Power DT1800“变形金刚”超级摊铺机

Power DT1800“变形金刚”(图1.6.1)端头伸缩(伸缩量3m)桥隧摊铺机,布料装置可折叠,熨平装置能伸缩,由拆装最少2h变为2min,结束了遇桥隧频繁拆装的历史。

图1.6.1　Power DT1800“变形金刚”超级摊铺机

6.1.1　主要技术参数

Power DT1800“变形金刚”超级摊铺机主要技术参数见表1.6.1。

Power DT1800“变形金刚”超级摊铺机主要技术参数　　表1.6.1

项　目		单　位	技术参数
控制方式		闭环数字控制	
振动方式		调频振动	
发动机	型号	IVECO F2CE9687D 高压共轨电喷发动机	
	额定功率	kW	306
	转速	r/min	2100
理论生产率		t/h	1500
平整度	摊铺沥青混凝土	mm	σ≤3
	摊铺稳定土	mm	σ≤1.2
摊铺密实度	摊铺沥青混凝土	%	≥88
	摊铺稳定土	%	≥85
熨平装置形式		机械加宽式	
振捣方式		调频变幅双振捣	

续上表

项　目	单　位	技术参数
摊铺宽度	m	3～18
摊铺厚度	mm	600
行走速度	km/h	1.85
摊铺速度	m/min	0～13.1
整机质量	T	39.8
主机质量	T	26
运输尺寸(长×宽×高)	mm	7365×3460×3200

6.1.2　性能特点

1)超强动力

发动机大功率,液压元件大排量,传动系统大扭矩,实现了抗离析、超厚度、超宽度、高效率、多功能作业。

2)抗离析

(1)超大驱动能力的螺旋系统设计,带载启动能力强,提高输料能力,降低螺旋工作转速,减少高速抛扬物料现象,输送物料充分均匀,改善横向离析。

(2)物料超满埋螺旋输送,二次搅拌充分,有效解决横向、竖向、纵向、片状离析;改善料车装卸料、摊铺机收斗等前道工序造成的离析。大小物料均匀输送,改善片状、V字形离析,有效防止离析窝的出现。

(3)螺旋前方挡料板高度可调,根据需要上下调节,可有效防止大粒料沿挡料板下沿滚落于地面,改善高度方向离析。

(4)加大螺旋料槽宽度,畅通物料输送通道,改善横向离析和纵向带状离析。

(5)螺旋反向叶片数量可变、角度可调,提高塞料能力,改善中缝处离析。

(6)整幅单机超宽度摊铺,避免了并机梯形作业时,泄料口物料滚落形成的竖向离析、并机接缝离析和温度离析。

3)多功能

(1)沥青混合料整幅单机超宽度摊铺。

图1.6.2　布料装置可折叠,熨平装置可伸缩

(2)沥青碎石两层一次摊铺。

(3)水泥稳定土整幅单机超厚度大宽度摊铺。

(4)布料装置可折叠,熨平装置可伸缩(图1.6.2),桥隧拆装方便(图1.6.3、图1.6.4),桥隧路多用。

4)高均匀度、高平整度及高密实度

(1)降低摊铺档最高行走速度,使机器在大宽度、大厚度摊铺时变量液压泵排量增大,容积效率提高,减少摊铺机因负荷变化引起的速度误差,保证行走的平稳性,提高摊铺平整度。

图 1.6.3　摊铺机过隧道不用拆机

图 1.6.4　隧道摊铺效果

(2)调频变幅超强力双振捣装置。根据不同的摊铺材料和对摊铺层压实度的要求设定振频、振幅，从而达到理想的捣实效果。

(3)宽敞的料槽和全埋螺旋叶片连续输料，向熨平板前沿塞料充足，增强了熨平板对摊铺层的预压实效果，从而提高了压实度。

5)76 项专利支持的创新设计

具有自主知识产权的创新设计：

(1)超级满埋螺旋，二次搅拌布料，伸缩自如的布料、熨平装置。

(2)具有独立双振捣，伸缩量 3m、4m 的液压伸缩熨平装置，支撑刚性好，伸缩自如，实现无缝连接，满足沥青面层平整度要求。

(3)简易液压伸缩装置，轻巧的液压伸缩挡料板是对熨平装置功能的完善和扩充，操作简单，伸缩自如，适应挖方、填方路基、桥面等宽度变化的要求以及补救行驶方向偏差，大大减小操作员劳动强度，尤其是在隔离墩预先设置好、传统螺杆无法手动调节的情况下更显出了极大优越性。

(4)独特创新设计的辅助卸料系统：液压伸缩推辊和倾翻灵活控制的辅助料斗与主料斗衔接配合，减小了料车后门形成的输料不畅，用最短的时间快速完成卸料工序，既防止了料车卸料抛撒，又提高了刮板输送效率，满足了大厚度一次作业对输料量的要求，同时由于辅料斗的前后收放，改善了卸料离析；推辊液压系统的溢流控制可减缓料车倒车冲撞，提高摊铺平整度。

(5)边坡振动熨平装置。

①边坡压实装置是附带在熨平端部，采用垂直震动原理，为解决大厚度摊铺时边部压实塌落而设计的振动部件，省去传统的钢架模板工序，节约施工成本，具有良好的经济效益。

②在使用简易伸缩挡料板时，由于扩展部分无振捣，此时接入边坡振动装置，可对扩展部分进行夯实，保证平整度和密实度。

6)高配置、高品质及高可靠性

(1)采用高性能力士乐进口元件并进行裕量匹配，行走、振捣、振动、输料系统全比例调节，提高整机性能与可靠性。

(2)采用依维柯共轨、电喷、电子调速发动机,可满足满埋螺旋超大功率输料、超厚度、超宽度摊铺稳定土的动力需要,并可有效避免大吨位料车撞击、制动等的影响,使摊铺机工作更平稳、更可靠、更省油。

(3)电磁阀、速度控制器、超声波料位器、非接触式自动调平控制器系统、集中润滑系统、主要轴承、皮带、密封件、电器元件均为进口配套,充分保证整机性能及可靠性。

(4)变形金刚式防背拱桁架装置,保障超大宽度摊铺时熨平板稳定可靠工作。

(5)主机摩擦副采用进口集中强制压力润滑,熨平装置采用自主研发的半自动干油系统,减少保养时间,降低劳动强度,工作可靠、保养方便。

6.2 YZC13/17 变质量多振幅双钢轮振动压路

YZC13/17 变质量多振幅双钢轮振动压路(图 1.6.5)是在采用目前国际上同类产品先进技术基础上,专为沥青路面大厚度摊铺而研制的。压路机行走、振动、转向等机构均采用液压传动,行走及振动系统可实现无级调速;振动采用双频 8 振幅机构,适用范围广;驾驶室(操作台)隔声、隔热、减振,宽敞舒适,视野开阔,内部布置合理,可选装空调,人机协调。

图 1.6.5 YZC13/17 变质量多振幅双钢轮振动压路

6.2.1 主要技术数据

1)技术参数

YZC13/17 变质量多振幅双钢轮振动压路技术参数见表 1.6.2。

YZC13/17 变质量多振幅双钢轮振动压路技术参数 表 1.6.2

质量	工作质量/工作质量	kg	13500/17300
	前轮分配质量/前轮分配质量	kg	6750/8650
	后轮分配质量/后轮分配质量	kg	6750/8650

续上表

激振机构	激振机构旋向	—	可实现与行驶方向相同
	振动频率	Hz	42/50
	激振力	kN	105～220 多档可调
	名义振幅(八振幅可调)	mm	0.77～0.36
	前/后振动轮静线载荷	N/cm	321～411
	钢轮直径	mm	1400
	钢轮宽度	mm	2100
发动机	康明斯	—	6BTA5.9-C180
	额定功率	kW	132
	转速	r/min	2200
	电气系统	—	24V 直流,负极接地
驱动系统	形式	—	全液压双轮驱动
	钢轮驱动系统	—	高速液压+减速器
	行驶速度	km/h	0～11
制动系统	行驶制动	—	液压制动
	驻车/安全制动器	—	弹簧制动,液压释放
其他	转向角	°	±30
	摆动角	°	±10
	蟹行距	mm	80～100
	转弯半径	mm	7500
	理论爬坡能力	—	30%
	轴距	mm	3650
	最小离地间隙	mm	364
	外形尺寸[长×宽×高(含驾驶室)]	mm	5064×2336×3200

2)外形图、尺寸和部件名称

YZC13/17 变质量多振幅双钢轮振动压路外形见图 1.6.6。

6.2.2　主要结构

1)总体结构

双钢轮振动压路机是利用振动轮的高速振动压实路基或路面,使其具有足够的承载能力,并降低其透水性;本机采用全液压传动,双轮驱动,双轮振动,自行式结构,其振动轮特有的偏心块相位调节机构,可在施工应用中方便快捷地改变轮体振幅及激振力大小,以适应不同工况的碾压要求。

该机前后车架通过中间车铰连接在一起,采用铰接式转向方式,并配有性能优良的蟹行机构。振动轮内的偏心轴与振动马达相连,由液压泵组中的振动泵供给高压油到振动马达,带动偏心轴旋转。每个振动轮内装有两个相对独立的振动单元,每个振动单元又分别由大小两组

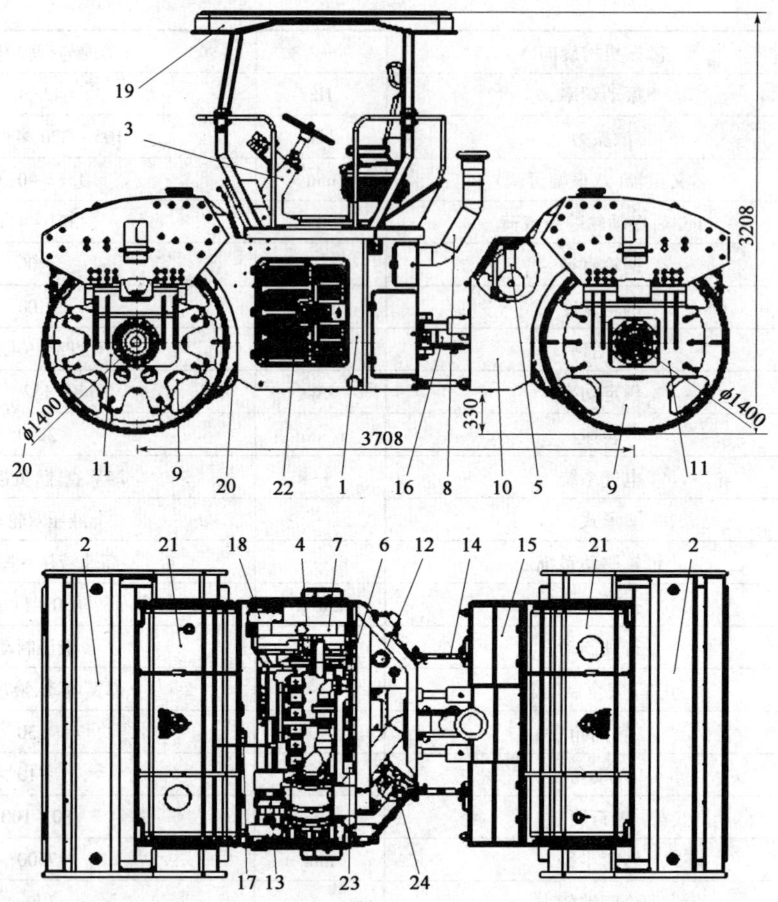

图 1.6.6　YZC13/17 振动压路机外形图(尺寸单位:mm)

1-前车架总成;2-配重总成;3-座椅总成;4-发动机安装;5-燃油总成;6-排气系统;7-冷却系统;8-进气系统;9-振动轮体;10-后车架总成;11-悬挂总成;12-液压油箱安装;13-泵安装;14-车架固定;15-覆盖件;16-车铰接总成;17-液压附件安装;18-操作台减振;19-操作台总成;20-刮泥板总成;21-洒水总成;22-门梯总成;23-翻转机构;24-电瓶安装

偏心块组成,工作中大小偏心块旋转产生的激振力相互叠加,共同组成了整机的振动机构。整机可根据碾压材料的不同,通过调整偏心块的相位来调整整机的输出激振力。行走系统和振动系统均采用电比例液压泵,使得振动频率和行走速度在一定范围内无极可调。

为提高工作的可靠性,满足沥青碾压时不停机的要求,本机除正常工作时必备的洒水动力单元外,在水路上又串联了另一套备用的洒水动力单元。工作时,遇到洒水动力故障,可在操作面板上通过简单的操作完成动力切换。

2)柴油机

YZC13/17 双钢轮振动压路机采用康明斯 6BTA5.9-C180 型水冷柴油发动机。具有很高的工作可靠性和燃油经济型。该发动机先进的设计和精良的制造,使其更能适应严苛的工况条件,高强度、重负荷的作业要求;特有的霍尔塞特废气旁通阀使低速性能更完美,动力性更佳;集成化设计,缸体、缸盖等零件"一件多能",减少了连接件,零件比其他同类发动机少40%,故障率大为降低;采用锻钢凸轮轴和曲轴,高强度缸体设计,很多零件铸在缸体上,刚度大,耐高压能力强,使用寿命更长;采用转子高压燃油泵,油耗更低,并有效降低噪声。

3)液压系统

YZC13/17 双钢轮振动压路机液压系统可分为行走系统、振动系统和转向系统三部分。

(1)行走驱动液压系统

该机行走驱动系统采用全液压双轮驱动的形式,由滤油器、变量泵、前钢轮驱动马达、后钢轮驱动马达、驻车阀组件、与油散等组成闭式液压回路。变量泵通过弹性传力盘,直接与发动机连接。变量泵上装有高压溢流阀,压力调定值为45.5MPa。前后钢轮驱动马达分别与两个减速机连接,减速机内置液控多片式制动机构。

(2)振动液压系统

该机振动系统由滤油器、变量泵、前振动马达、后振动马达、振动控制阀等组成闭式液压回路。变量泵上装有高压溢流阀,压力调定值为40MPa。通过调整振动液压马达转速,改变振频、通过改变变量泵的输出方向,可调整液压马达的旋转方向,实现与行驶同向;通过操纵振动控制阀可实现双轮或前后轮单独振动。

(3)转向液压系统

本机采用全液压转向,转向系统主要由转向齿轮泵、转向器、转向液压缸、转向与蟹行换向阀、蟹行缸等元件组成开式液压回路。转向齿轮泵直接安装在发动机上,油泵泵出的高压油,通过转向器控制转向液压缸动作,推动压路机前后车架绕中间铰轴转动,实现左右转向。转向齿轮泵泵出的油经过转向器经换向阀控制,驱动蟹行油缸,使前后车架纵向错位,实现蟹行错步。

4)行驶制动系统

(1)行驶系统

行驶系统由行驶泵、行驶马达、减速机、高压油管等组成。压路机的正向行驶和反向行驶通过行走泵的正、反向变量来实现,行走速度则通过改变发动机的转速和无级改变行走泵的排量及有级改变行走马达的排量实现两挡无级变速。

(2)制动系统

为了确保压路机的工作、行驶安全,制动系统设有行驶制动、停车制动和紧急制动三种。

①行驶制动:用液压系统的闭锁来实现车辆行驶时的制动,制动无磨损。将行驶手柄回到中位,控制行走泵供给行走马达的流量为零,压路机即停止行驶。

②停车制动:关闭制动开关(断电制动),制动器的释放压力降至0,减速器内的多片式制动器在弹簧力的作用下,互相咬合,起到制动作用。

③紧急制动:按下紧急制动按钮后,电源断开,发动机熄火,用液压系统的闭锁来实现车辆行驶时的制动;与此同时,减速器内的多片式制动器在弹簧力的作用下相互咬合,也同时起到制动作用。

注:非紧急状态下严禁使用紧急制动,特别是在快速行驶状态时,不要将紧急制动当成停车制动来使用!

5)振动系统

振动系统由振动轮体、振动单元、振动调幅装置、减振块、振动泵、振动马达、联轴器、振动轴承等组成。如图1.6.7所示。

振动单元由两组偏心块叠加组成，通过手轮可调节 8 挡(旧车 7 挡)振幅(图 1.6.7)：将手轮拔出并旋转至需要的挡位后，再将手轮推入原位，即可实现将振幅锁定在需要的挡位。8 振幅的偏心机构是经过时间验证的，安全可靠免维护。工作中可根据碾压材质的不同，方便迅速地进行振幅的设定。

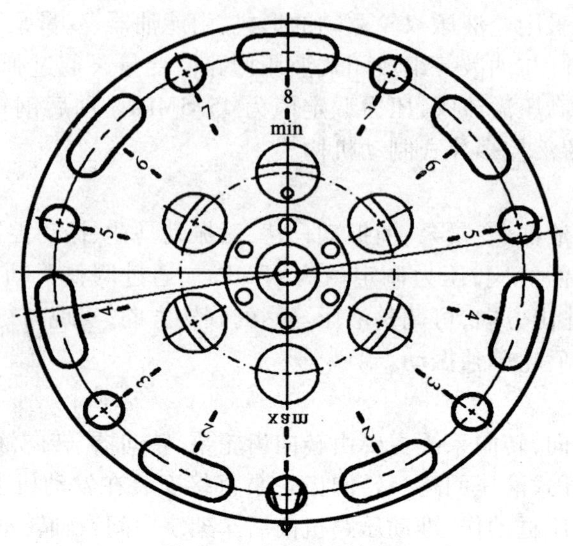

图 1.6.7　振动系统结构图

6)洒水系统

洒水系统与刮泥板能有效地避免钢轮黏结沥青和其他杂物，洒水系统包括水泵、洒水控制开关、过滤器、前后水箱、管路水位报警等(图 1.6.8)。

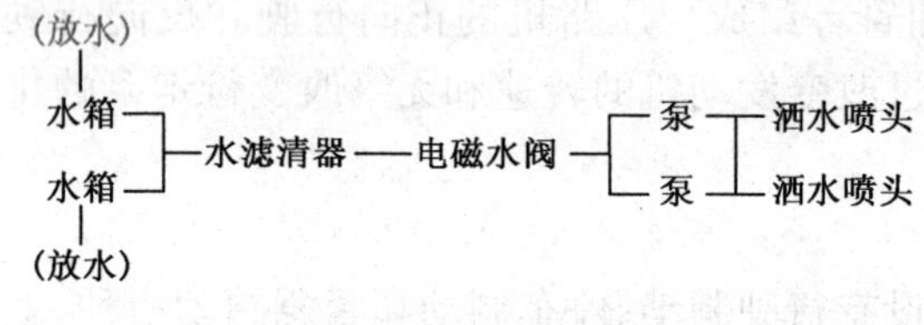

图 1.6.8　洒水管路示意图

洒水系统为压力喷水，前后车架各有一个水箱，且具有固定水量和可调控制两种方式，操作者可以自由选择。可调控制的水量可通过显示器上的旋钮来对水量进行控制调节。

洒水系统在前后洒水管共用一个洒水泵的同时，又备用了一个洒水泵，在工作过程中如水泵发生故障，可方便地切换到另一个水泵供水，只需在操作面板上用开关操作即可。

注：水泵的使用需人工切换，一般需隔 2～3 天定期切换使用，以避免泵长期不使用而导致侵蚀生锈等现象。

7)车架

车架包括前车架、后车架、中心铰接架三大部分，它们三者连接成一个铰接整体，支撑机器的上部机构。

前后车架总成包括前车架、燃油箱、液压油箱、后车架、刮泥板等。主要功能是支撑机器整体结构。

中心铰接架由铰接架、转向油缸、蟹行油缸、关节轴承、回转支承组成。中心铰接架连接前后车架，并可实现前后车架的转向、蟹行错位及前后车架之间的横向摆动。

该压路机具有蟹行机构，可使前后车架错位达 100mm，蟹行可以扩宽作业面，使压路机在进行小弯道或路边压实时,更容易接近和离开路缘石,避免碰撞路边岩石或建筑物而产生漏压现象,实现贴边压实。

8)电气系统

该机电器系统采用24V直流电源,由两个6QA-180型的蓄电池(G_1、G_2)供电,蓄电池容量为180Ah。当发动机工作时,由发动机带动发电机(G_3)向蓄电池充电及向用电设备供电。此时报警系统开始工作,工作小时表开始计时。电源搭铁开关(S)安装在驾驶室内,启动前请先将电源搭开关(S)合上,接通电源。当压路机停止工作时,请断开电源搭铁开关,否则会严重影响蓄电池的使用寿命。

该机采用力士乐控制器和显示器。电气控制系统主要由以下三部分组成:

(1)发动机电气系统

该机发动机为康明斯发动机,发动机的控制电器原件:启动马达、熄火电磁阀、加浓电磁阀、发电机、机油压力传感器、水温传感器、空气阻塞传感器等均为康明斯发动机原装件。

(2)液压电气控制系统

该机采用的液压电气元件为力士乐液压油泵、马达,原装电比例控制阀和速度传感器。操作手柄采用德国杰斯曼的原装手柄,其他附属液压电磁阀也是选用国内知名品牌。所有操作都由控制器控制,可以根据需要设定工作速度、频率以及它们之间的逻辑关系,最大程度地保障路面的压实质量,操作更加简单、智能。控制器采集前、后轮的行走速度和振动频率参数,可自动调整油泵、马达的控制电流,最大程度地保证了该机在工作时按照预定的速度和频率进行;优良的防滑系统,提高了设备的抗滑能力和爬坡能力;洒水系统通过控制器控制,洒水时间可以任意调节。

(3)通用电气部分

这部分包括前后照明灯、前后转向灯及相应的开关等。

6.2.3　性能特点

YZC13/17变频、变幅、变质量双钢轮振动压路机是以解决沥青碎石两层一次摊铺压实、水稳大厚度摊铺压实、兼顾薄层沥青面层摊铺压实而研发的多功能复合式压路机。该机特有的变频、变幅、变质量功能根据不同的压实材料、不同压实厚度而选择合适的压实参数,一机多用,使用方便,工作效率高。

(1)变质量、多振幅、适应于多种工况的需求

整机质量可在13~17t自由变换(增减配重块的方式);轮体振幅设置了8个挡位,各挡位之间可轻松实现切换(改变内置偏心快的工作相位);振动系统采用无级变量泵,工作时振动频率可实现无级可调(表1.6.3)。

施工参数　　表1.6.3

档位	1	2	3	4	5	6	7	8
激振力(kN,50Hz时)	220	203	187	171	154	138	121	105
振幅(mm)	0.77	0.71	0.65	0.59	0.53	0.47	0.41	0.36
整机质量(t)	17				13			

(2)燃油系统采用三级过滤

燃油系统采用三级过滤,确保整机能在恶劣环境、恶劣油质工况下工作。

加油口一级过滤,燃油管路二级过滤,发动机终级精滤,确保了发动机在应用过程中的良好运行。

一级过滤是指加油口在配备空气过滤的同时,还增加了10μm油液过滤及油水分离等功能,从根源上将柴油中的杂质、水等阻隔在柴油箱以外,从而使发动机更能适应国内的油品质量。

(3)强劲动力

整机采用康明斯6缸发动机,动力强劲;采用整套力士乐液压元件,性能可靠;YZC13/17双钢轮压路机采用经过长期工业考核的大功率康明斯水冷增压柴油发动机,最大输出功率可到132kW,高原环境下无需调整,保证了动力性和适应性;行走液压系统及振动液压系统采用全套力士乐元件,性能可靠,确保了液压系统10000h以上的使用寿命。

(4)前后轮同步防滑

前后轮行走采用防滑同步控制技术,提高了机械的通过性和前后轮压实均一性。行走系统采用前后轮交叉同步驱动,行走驱动马达采用无极变量马达,工作过程中与行走防打滑控制系统相结合,使压路机起停平稳,压实平整。与传统的两级固定档位驱动有本质的不同。

(5)变频多振幅

振动系统具有多频8振幅自由调节功能,可满足不同类铺筑材料和铺筑厚度的压实;YZC13/17双钢轮振动压路机振动轮体内装有偏心块相位调节机构,用于调节轮体内主副偏心块的相位,进而改变轮体的工作振幅。相位调节机构设置有8个挡位,可逐级将轮体振幅由0.36mm调至0.77mm,工作时可依据碾压材料的不同选择,不同振幅的激振挡位,该功能与主机的可调质量相结合,真正地实现了一机多能。

(6)工作可靠

独特的轮体激振结构,保证了整机的工作可靠性;YZC13/17双钢轮振动压路机轮体振动腔采用强制注油式润滑,在轮体行走时不断地提供循环的润滑油给振动轴承,保证了振动轮体的可靠性。单轮双腔体四轴承结构,振动轴承预算寿命达到20000h以上。轮体通透式结构,有效地解决了振动腔的散热问题,为轮体的无故障和长寿命运转提供了保证。

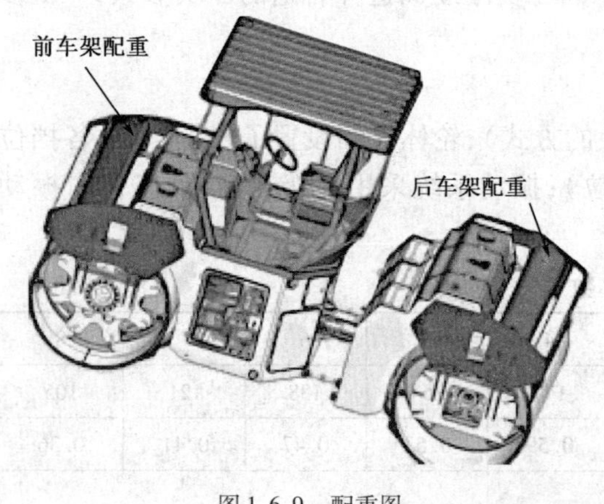

图1.6.9 配重图

(7)变质量

可拆卸的活动配重,增加了压路机的通用性;YZC13/17双钢轮振动压路机前后车架不同位置配备了2组可拆卸的活动配重(图1.6.9),与8档振幅有效结合,可适应沥青、水稳等不同材料、不同厚度的碾压需求,节能高效,一机多能。

整机不加前后配重时质量:13500kg;加完配重质量:17300kg。

(8)洒水精确可控

整机配备了两套进口洒水动力单元,水路采用三级过滤,使洒水系统的可靠性得以全面提升；YZC13/17 双钢轮振动压路机的洒水系统由两套独立的动力单元组成，两个动力单元均可单独满足整机工作时的洒水需求。工作中，使用其中一个动力单元时，未工作的动力单元可作为故障备件备用，压路机作业过程中如遇到洒水动力故障，可在操作面板上方便地实现两个动力单元的动力切换，保证了施工的连续性。YZC13/17 双钢轮振动压路机洒水系统在拥有管路过滤及喷嘴过滤的同时，在水箱加水口增加了 100 目的加水过滤网，在提高水路工作可靠性的同时，也减少了水箱清洗次数，减小了操作者的劳动强度。

6.3　Power YL27/37 液压变质量轮胎压路机

Power YL27/37 变质量轮胎式压路机（图 1.6.10），采用静液传动技术，无级变速，静液压、机械盘式、轮边钳式三重制动，起停机平稳，安全可靠，通过变质量调节，兼顾了厚层和薄层揉搓压实的需要，一机多能。

图 1.6.10　Power YL27/37 变质量轮胎式压路机

6.3.1　主要技术参数

Power YL27/37 变质量轮胎式压路机主要技术参数见表 1.6.4。

Power YL27/37 变质量轮胎式压路机主要技术参数　　表 1.6.4

项　　目	单　　位	技术参数
最小工作质量	T	27.5
最大工作质量	T	37
轮胎平均接地比压	kPa	200～500
轮胎充气压力	kPa	200～800
压实宽度	mm	2750
轮胎重叠宽度	mm	50

续上表

项　目		单　位	技术参数
行驶速度	高速	km/h	0～12
	低速		0～8
理论爬坡能力(满载)		%	20
最小离地间隙		mm	290
轴距		mm	4000
转向角度		°	±35
摇摆距离		mm	±45
最小转弯半径		m	9
轮胎规格		11.00—20—16SR	
轮胎数量		个	前5后6
发动机	型号	6CTA8.3-C215	
	功率	kW	160
	转速	rpm	2200
外形尺寸(长×宽×高)		mm	5200×2800×3300

6.3.2　性能特点

(1)动力强劲

采用康明斯C系列水冷增压型发动机,动力强劲,通用性好。

(2)通用性好

可适用于水泥稳定碎石施工,也可用于沥青路面施工;既可用于大厚度施工,也可用于普通厚度施工。

(3)无级变速

将传统液力传动改为静液传动,两档无级调节,操作简单可靠,轻便灵活。

(4)安全性高

三重制动(静液压+机械盘式+轮边钳式制动),使压路机在工作中机动灵活、安全可靠。

(5)舒适性好

驾驶室采用双座椅、双转向盘,并配备有空调,操作方便舒适,视野开阔。

(6)洒水工作时间长

电控动力洒水系统完全采用防锈材料、两个大容量玻璃钢水箱,延长作业时间。

第7章　沥青路面大厚度全幅施工技术

7.1　引　　言

我国沥青混凝土路面设计以弯沉为设计指标，应用多层弹性理论用计算方法确定路面厚度，并对层底拉应力验算。这一路面设计理论体系与世界发达国家的路面设计方法相比是很先进的，但是这里有一个前提假设是“层间接触条件为完全连续体系”。而实际施工是路面按三层施工，尽管采取了封层、黏层等措施，路面层间连接仍是薄弱环节，不可能是完全的连续体系。路面施工往往在通车前，各分项工程交叉施工无法避免，层间污染非常严重，分层施工后层间连接不能形成嵌锁，造成了路面层间滑动。

由于设计与施工的不配套，尽管理论设计出的路面是完善的，但施工达不到理想的设计要求，做成的路面与理论设计存在差距，发生早期破坏就不足为怪了，所以高速公路路面不分层施工或尽量减少分层施工层数是摆在我们面前的现实课题。

7.2　沥青混凝土路面分层分幅施工存在的问题

7.2.1　分层施工存在的问题

(1)层间黏结

前面讲过，沥青混凝土路面分层施工的突出问题是层间黏结不能相互嵌锁，造成层间不连续，路面开裂后水进入层间，行车时的动水压力和静水压力使沥青与石料剥离，使路面出现松散、坑槽。

(2)温度离析

分层施工的第二个问题是由于摊铺层太薄、温度散热快，摊铺时容易出现温度离析，碾压达不到规定的压实度。众所周知，沥青混凝土路面摊铺时出现温度离析是非常可怕的，一旦出现温度离析，无论使用胶轮压路机或是钢轮压路机，甚至将石子压碎，空隙率仍然很大，是造成路面早期破坏的元凶。

(3)施工周期与成本

分层施工周期长，又浪费黏层油，增加道路的总体成本。

7.2.2　分幅施工存在的问题

(1)存在接缝

常规的沥青混凝土路面一般采用双机或多机联铺，两机间搭接的位置会产生一条明显的接缝，通车运营后形成一条纵向裂缝，对路面造成极大的破坏。

(2)离析带增多

摊铺机的离析无法完全根除，只能相对减少离析的程度，多一个摊铺机必然增加离析带。

(3)平整度差

分幅施工时，在两机间搭接的位置平整度差，影响整体平整度。

(4)施工成本高

很显然，两台摊铺机使用成本、施工成本要高于一台摊铺机。

7.3 沥青混凝土路面大厚度全幅施工可行性试验

为了探索沥青混凝土路面大厚度全幅施工的可行性，连霍高速郑州至洛阳段改扩建工程进行了使用常规的碾压设备进行沥青混凝土路面大厚度全幅施工的试验。

连霍高速郑州至洛阳段改扩建工程在路面第六合同段K89+876~K90+202(南侧，单幅长326m)，进行了底、中面层合二为一的大厚度沥青混凝土施工试验，施工单位为陕西路桥集团有限公司。

路面设计总厚度为18cm，分两层摊铺，上面层为AC13结构，厚5cm；下面层为AC20结构，厚13cm，经试验松铺系数为1.23。

(1)机械设备

拌和楼：林泰格4000型1台。摊铺机：戴纳派克F182两台。压路机：戴纳派克CC622 3台，徐工XP302吨胶轮压路机3台。

(2)摊铺

采用双机联铺，两侧高程用走钢丝的方式控制。

(3)碾压工艺

采用组合式碾压，1台戴纳派克CC622双钢轮振动压路机与一台徐工XP302吨胶轮压路机组合，共三组压路机。碾压时三组压路机各管三分之一断面。初压一组遍，复压三组遍。

为了增加胶轮压路机的压实功，对胶轮压路机进行了配重(图1.7.1)。

图1.7.1 胶轮压路机配重

(4)取芯对比(图1.7.2、图1.7.3)

从图1.7.2和图1.7.3芯样对比照片可以看出,大厚度施工没有分层现象,芯样为一个整体。而分层施工层间连接处明显有分层,两层集料不能形成嵌挤,层间连接处空隙大。大厚度施工明显优于分层施工。

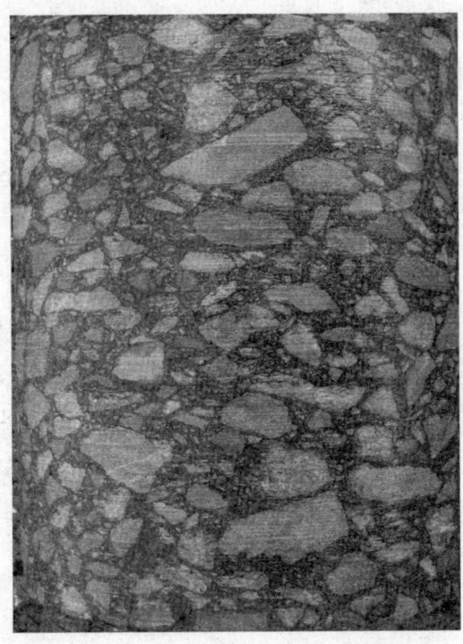

图1.7.2　大厚度施工芯样

图1.7.3　分层施工芯样

(5)平整度

经八轮仪检测,平整度代表值为0.9,满足《公路沥青路面施工技术规范》(JTG F 40—2004)中面层的要求。开始时担心采用双层摊铺后平整度会不满足要求。经试验说明,只要控制好基层高程,高速公路采用大厚度摊铺完全可以满足规范的平整度要求。

(6)结论

沥青路面大厚度施工不但解决沥青路面分层施工存在的问题,而且解决了沥青路面设计与施工不配套问题,使用现有的施工设备进行15cm左右的大厚度沥青混凝土路面、20cm左右的大厚度沥青碎石路面施工是可行的。如果能开发出专用的大厚度、全幅的摊铺机和压路机,可以推广应用。

7.4　沥青混凝土路面大厚度全幅施工的保障条件

减少摊铺层数可有效克服上述问题,但是减少摊铺层数,必然增大摊铺厚度,由于受机械水平的限制,《公路沥青路面施工技术规范》(JTG F 40—2004)规定"沥青混凝土路面的压实层最大厚度不宜大于100mm"。近几年,路面施工机械发展很快,路面压实机械双钢轮振动压路机吨位已提高到13~17t,同时压路机的整体性能也有提高,将沥青混凝土路面压实层厚度提高到15cm是可行的。

沥青混凝土路面大厚度施工的保障条件如下:

(1)有满足摊铺厚度和宽度的摊铺机。

(2)能达到大厚度压实要求的压路机。

(3)科学、完善的施工工艺。

为了满足上述要求,陕西中大集团开发了 Power DT1800“变形金刚”超级摊铺机、YZC13/17 变质量多振幅双钢轮振动压路、YL27/37 液压变质量轮胎压路机,解决了施工设备问题。

7.5 沥青混凝土路面大厚度施工技术

由于路面总厚度不变,减少分层或不分层增大压实厚度影响到混合料的类型、摊铺方案、碾压工艺等,这三方面与传统的三层施工有很大不同。

1)沥青混合料类型的选择

现在国内高速公路三层路面结构一般为上面层 AC13 或 AC16、中面层 AC20、下面层 AC25 混合料,从以往通车的高速公路项目看,基于施工难易程度和使用功能两方面,上面层采用 AC13 混合料、中面层采用 AC20 混合料、下面层使用 AC25 混合料为宜。因为上面层一般较薄,仅 4 ~5cm,使用 AC16 混合料厚径比太小,无法保证压实度要求;下面层使用 AC25 结构,摊铺时离析严重,均匀性差,建议采用 AC20 混合料。

2)摊铺方案

假设半刚性基层沥青路面厚度一般为 18cm,上、中、下面层的厚度分别为 4m、6m、8cm,采用大厚度摊铺技术时,有以下三种摊铺方案。

(1)改变混合料种类,中下面层合二为一(上面层单独摊铺)。

上面层厚度 4cm 不变,中下面层 14cm 统一调整为 AC20 混合料,中下面层一次摊铺成型。这样由三次摊铺改进为两次摊铺。

该方案使用“中大”牌 TD-1800 系列摊铺机,大厚度摊铺层松铺系数在 1.19 ~1.25,具体根据试验而定。虽然摊铺厚度增加了约一倍,但松铺系数并不成比例增加,与摊铺机的振捣作用力有关,每个摊铺都不一样,不可一概而论。

该方案操作性强,等于中、下面层合二为一摊铺,施工简单;缺点是中、下面层必须是同一种混合料,要改变混合料种类,执行起来难度大。

(2)维持混合料种类不变,中、上面层一次摊铺(下面层单独摊铺)。

选用特殊的双层摊铺机械(图 1.7.4、图 1.7.5),该摊铺机为戴纳派克 F300C/S,实际是两台摊铺机合二为一,可同时摊铺两种不同的混合料,一种混合料由常规的自卸车供料,另一种

图 1.7.4 双层摊铺机

混合料由沥青混凝土转运车供料。另一层采用“中大”牌 TD-1800 系列摊铺机。

使用该机械可同时摊铺中、下面层混合料,也可同时摊铺中、上面层混合料,无须改变原路面设计方案。

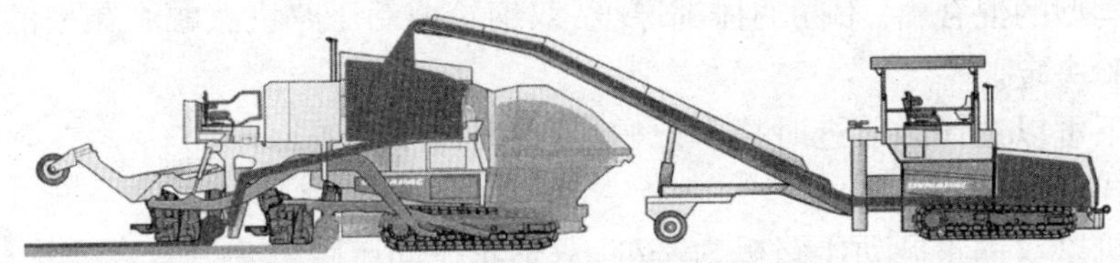

图1.7.5　双层摊铺机工作原理图

该方案可摊铺上、中、下面层三种不同的混合料,比第一种方案更灵活,选择余地大;缺点是摊铺费用较高,一台这种摊铺机价格接近千万,施工单位承受不起,须由业主补贴或业主购买。

如果路面结构设计为四层,采用该方式效果最佳,可以将四层摊铺减少为二层摊铺,可大大提高路面质量,减少养护期的费用。

(3)改变混合料种类,上、中、下面层一次摊铺。

上面层 AC13 混合料、厚度 4cm 不变,中下面层 14cm 统一调整为 AC20 混合料,采用戴纳派克 F300C/S 摊铺机,上、中、下面层一次摊铺。

3)碾压

碾压采用陕西中大生产的 YZC13/17 变质量多振幅双钢轮振动压路、YL27/37 液压变质量轮胎压路机,碾压 6 ~ 8 遍即可达到马歇尔密度或 GTM 密度的 98% 以上。

7.6　沥青碎石路面大厚度全幅施工技术

1)设备选择

摊铺设备选用陕西“中大”牌 TD-1800 系列摊铺机,碾压设备选用陕西中大生产的 YZC13/17 变质量多振幅双钢轮振动压路、YL27/37 液压变质量轮胎压路机。

2)最大压实厚度

沥青碎石路面最大施工厚度可以达到 25cm。

3)碾压工艺

碾压采用组合式碾压。

(1)组合式碾压施工参数选择

①压路机配置。

中大 YL27/37 液压变质量轮胎压路机 2 台,中大 YZC13/17 变质量多振幅双钢轮振动压路 3 台。该配置适合单向 2 ~ 3 车道公路工程,其他情况下根据路面宽度适当增减。

②组合方式。

一台胶轮压路机与一台双钢轮振动压路机组合成一组,共两组压路机,胶轮压路机在前、双钢轮振动压路机在后,进行初压和复压;另一台双钢轮振动压路机单独进行终压。

③组合分工。

初压和复压时每组压路机各负责半幅碾压,终压时一台双钢轮振动压路机全幅碾压。

④起压。

初压和复压时两组压路机分别从横断面最左侧和中心线位置起压。

⑤双钢轮振动压路机振幅和频率的选择。

对于不同类型的混合料、不同的摊铺厚度,双钢轮振动压路机振幅和频率的选择应根据不同的情况经试验决定。

一般情况下可以选择为前进时高率低幅,后退时高率高幅。

⑥叠轮方式。

每组压路机以双钢轮振动压路机为基准,双钢轮振动压路机叠二分之一轮;胶轮压路机随双钢轮振动压路机,约叠三分之二轮。

⑦压实遍数。

从起压点开始,前进、后退一次为一趟,下一趟双钢轮振动压路机叠上一趟压实过的二分之一轮,直到叠过第二组压路机的起压点为止。第一趟和最后一趟由于没有叠轮增压一趟。完成上述碾压为一遍。

对于一般的沥青混合料,初压1组遍;复压4组遍(相当于单遍8遍);终压同常规碾压1~2遍,胶轮、钢轮均可以,一般用钢轮,以轮迹完全消除为止,碾压1~2遍。

⑧压实速度。

初压每小时2~3km,复压每小时3~4km,终压每小时4~5km。

(2)安装碾压质量控制系统

碾压质量控制系统包括数据采集系统、数据无线传输系统、数据处理系统、网络系统及检测仪器(温度检测仪、压实度检测仪和激光平整度仪等)。数据采集系统、数据无线传输系统、数据处理系统及检测仪器安装在压路机上(图1.7.6),显示器设在施工现场。所有数据信息

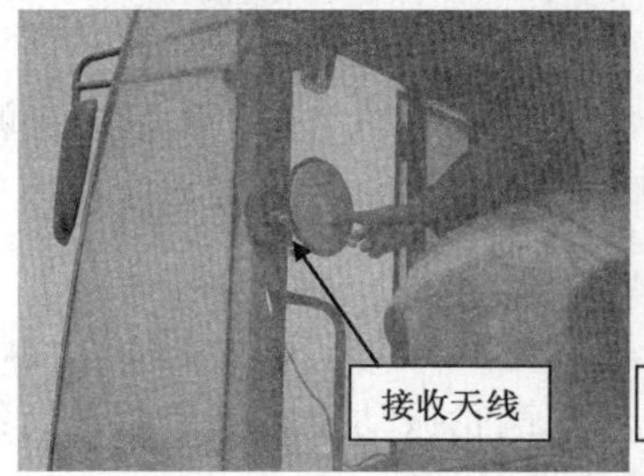

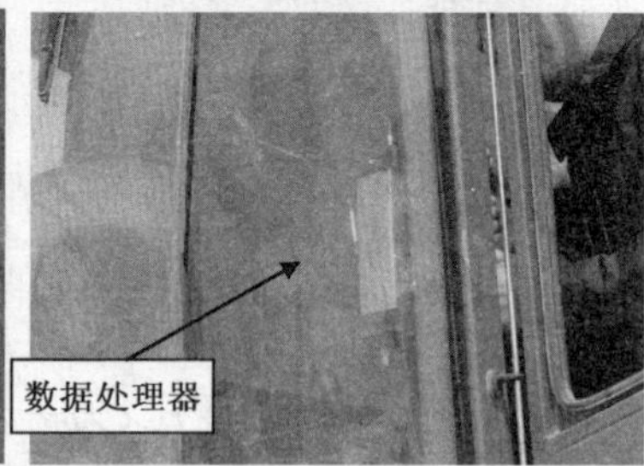

图1.7.6　碾压质量控制系统

均传输到网络系统,业主和监理可以随时上网查看。

(3)初压

初压一遍,每组的胶轮和钢轮压路机相距1m左右,同步前进、同步后退(图1.7.7),由起压点开始叠轮逐趟碾压至重叠住终压点(下一个起压点)止。

图1.7.7　4台压路机分两组,同步前进,同步后退

初压时,双钢轮振动压路机前进时用静压,后退时根据实际情况,如果混合料稳定(不推移)选择高频低幅碾压,如果混合料不稳定仍用静压。

(4)复压

以50m左右为一个碾压作业段,每组压路机从起点开始前进,到碾压段的终止线开始后退。完成一个碾压段后再开始下一个作业段的碾压。

按照设定的振幅和频率,每组的胶轮和钢轮压路机相距1m左右,同步前进、同步后退(图1.7.7),第一遍从终压点(第二个起压点)开始叠轮逐趟碾压至重叠住起压点止,第二遍从起压点向终压点碾压,依此循环碾压,直至达到规定的遍数。一般每组压路机碾压4遍,两台压路机总碾压8遍。

(5)压实度平整度、自动检测

复压完成后在显示器上检查压实度、平整度是否满足要求,如有段落压实度不合格,控制系统提示:不能进行终压,请补压后再终压。

(6)终压

用单独的双钢轮振动压路机终压,以消除轮迹为目的,一般1~2遍即可。

如有段落平整度不合格,控制系统提示某段平整度不合格,请处理。

终压结束后,控制系统提示:压实度、平整度合格,该段压实结束,进入下一碾压段。

(7)检测验收

按国家规范或合同规定的质量目标进行检测验收。

7.7　经济技术分析

以100km标准双向四车道高速公路为例,单幅路面宽度12m,约划分为6个路面合同段。

1)直接经济效益

(1)节约黏层油

三层摊铺变双层摊铺后省去一层黏层油,100km标准双向四车道高速公路路面约120万平方米,每平方米黏层油(乳化改性沥青)按2元计,共节约黏层油约240万元。

(2)节约设备租赁费及施工费

每个路面标段每天的设备租赁费约5万元,施工管理费约5万元,三层摊铺变双层摊铺,每个标段可以缩短工期一个月,每个标段可节省设备租赁费及施工费300万元,全线6个标段共节省设备租赁费及施工管理费约 1800 万。

(3)提前通车收益

采用大厚度沥青混凝土路面施工,缩短工期一个月,可提前一个月通车,100km 高速公路收费每日按 50 万元计,可以增加收益 1500 万元。

标准双向四车道 100km 高速公路,三层摊铺变双层摊铺,可产生直接经济效益约 3540 万元。

2)间接经济效益

采用大厚度沥青混凝土路面施工技术,提高了路面质量和使用寿命,可减少养护费用,因养护施工减少,减少了施工断行,其社会效益和隐形效益是无法用金钱直接计算的。

第8章　沥青路面大厚度全幅施工技术应用

8.1　沥青路面大厚度全幅施工技术发展概述

8.1.1　我国高速公路路面施工现状

改革开放以来,高速公路迅猛发展,但普遍存在着使用寿命远低于设计寿命的问题。其中,传统施工设备与施工工艺不能满足公路设计要求是主要原因之一,研发新型施工设备,完善并建立新的高等级公路施工工艺规范已渐成共识。

我国高速公路普遍达不到15年的设计寿命,实际情况是:通车半年以后就出现工后沉降、2~3年就出现坑洞、补丁,3~4年就大面积修补,4~5年就开始大修,这些早期病害产生的主要原因之一是传统设备、传统施工工艺造成的路基不实及路面摊铺离析。

我国高速公路建设,路基没有自然沉降期,传统设备压实力不足,工后沉降成为普遍现象。

我国高速公路建设路面采用传统进口设备并机摊铺,普遍存在横向、竖向、纵向、片状、温度及并机接缝离析。

细料聚集的地方,缺少骨架支撑,会出现车辙、塌陷、拥包等现象。

粗料聚集的地方,缺少中小料填充,孔隙率高,出现渗水,在重载作用下,形成水动力,使面层剥离而形成坑洞、车槽等早期病害,不得不进行早期大修。

这种"开膛破肚"式的大修,既影响了交通,又造成了巨大的经济损失,已经引起了政府和行业的高度重视,路基强力压实及路面摊铺离析成为中国高速公路建设亟须解决的两大难题。

8.1.2　沥青路面大厚度全幅施工技术起源

1997年8月,一批高级工程技术人员、学者、专家、教授走到一起,以技术创新为主题,以路基强力压实及路面抗离析为研究方向,研制特种高端成套设备的企业在西安成立。

如今,中大机械集团已发展成为世界上唯一一家从事"抗离析、大宽度、大厚度摊铺与压实整体成型新工艺及特种高端成套设备"研发与生产制造、再制造相结合,销售与租赁相结合,租赁与施工服务相结合,现代制造业和现代服务业相融合的高新技术企业。陕西省认定企业技术中心;陕西省知识产权优势企业。

企业具有独立知识产权的发明专利7项,实用新型专利133项。

"宽幅抗离析大厚度摊铺水泥稳定碎石设备和施工技术"的课题攻关成果被建设部列为国家级工法(图1.8.1)。

该企业是交通运输部主持的"无机结合料稳定类基层压实标准与整体成型关键技术研究"项目的依托单位。

国家级工法

工法名称：宽幅抗离析大厚度摊铺水泥稳定碎石技术施工工法

工法编号：GJEJGF146－2008（二级）

完成单位：陕西中大机械集团有限责任公司

中华人民共和国住房和城乡建设部

二○○九年十月

图1.8.1 国家级工法证书

十八年来，中大坚持践行“为用户创造超额价值”的企业文化，贯彻独特创新理念，坚持一个主题、两个方向，成就了四个系列产品和六项创新施工工艺。

1）一个主题

科技创新，研发独特性能的特种高端成套设备，解决施工难题。

2）两个方向

（1）以抗离析为核心的路面整体成型设备技术研究。

（2）以强力压实为核心的高填方路基、大厚度压实设备技术研究。

3）四个系列产品

（1）Power DT系列超强劲、抗离析、多功能摊铺机，其中Power DT1800摊铺机通过省级新产品技术鉴定，被认定为国际领先水平。

（2）Power YZ36超重吨位、超大激振力、多功能压路机，通过省级新产品技术鉴定，被认定为国际先进水平。

（3）Power YZC13/17变质量调频调幅双钢轮振动压路机，通过省级新产品技术鉴定，被认定为国内领先水平。

（4）Power YL27/37轮胎式多功能压路机，通过省级新产品技术鉴定，被认定为国内领先水平。

实现从路基到路面、从摊铺到压实成龙配套的四个系列产品，被用户赞誉为“四合一、铁搭档”特种高端成套设备。

4）六项创新施工工艺

（1）沥青面层的抗离析、大宽度（12m）、超宽度（16m）、超大宽度（19.5m）整体成型摊铺新工艺。

（2）“变形金刚”桥、隧、路抗离析连续变宽摊铺新工艺。

（3）沥青碎石基层的抗离析、大宽度（12m）、超宽度（16m）、大厚度（20cm）整体成型摊铺、压实新工艺。

（4）级配、水稳层的抗离析、大宽度（12m）、超宽度（16m）整体成型摊铺新工艺。

（5）水稳层的抗离析、大厚度（松铺60cm）、大宽度（12m）整体成型摊铺、压实新工艺。

（6）高填方基础的强力压实新工艺。

8.2　沥青路面大厚度全幅施工典型案例

8.2.1　沥青抗离析、大宽度、超宽度、超大宽度整体成型摊铺案例

1) Power DT 系列抗离析多功能摊铺机

技术特点有:

(1)发动机大功率。

(2)液压系统大排量。

(3)传动系统大扭矩。

(4)动力与传动系统优化设计并采用裕量配置。

(5)具有发明专利技术的传动装置,满足了螺旋搅拌输料系统消耗整机三分之二以上功率的需要,实现了物料满埋螺旋,通过二次搅拌原理有效解决了摊铺过程中的横向、竖向、纵向、片状、温度、并机接缝等离析难题。

(6)具有发明专利的液压伸缩辅助料斗,其缓冲保护能力,降低了料车对摊铺机的碰撞推移,提高了平整度;推移料车顺畅卸料,避免余料抛洒,减少辅助作业;解决均衡摊铺大输料量的需求。

18 年的科技攻关成果——76 项专利支持的 Power DT 系列超强劲、抗离析、多功能摊铺机,使 12m、16m、19.5m 单机一次摊铺成为现实,结束了传统进口摊铺机多机并铺的历史。

2)应用简述

2008 年两车道加应急车道 12m 宽沥青路面一机代替两机一次摊铺被全国各地普遍采用。

2011 年三车道加应急车道 16m 宽沥青路面一机代替多机一次摊铺成常态。

2014 年四车道加应急车道 19.5m 宽沥青路面一机代替多机一次摊铺成新常态。

江西昌樟高速四车道改八车道扩建冷再生材料 18.75m 一次摊铺,受到广泛赞誉。

福建泉州湾跨海大桥超大宽度 19.5m 一次摊铺,宽度、均匀度、平整度创下世界奇迹。

广西南北高速四车道改八车道扩建 19.5m 一次摊铺,2 台 4000 型拌和站供料,10 台压路机碾压,连续十天十一夜不停机摊铺,破平整度新纪录,轰动业界。

广东广深沿江高速 2 标 DT1800 摊铺机 18.75m 一次摊铺成形(图 1.8.2)。

图 1.8.2　广东广深沿江高速 2 标 DT1800 摊铺机 18.75m 一次摊铺成形

8.2.2　"变形金刚"桥、隧、路连续变宽摊铺案例

1) Power DT1800 超级变形金刚桥、隧、路多用抗离析摊铺机

技术特点:

(1)布料装置可折叠。

(2)熨平装置能伸缩。

(3)总伸缩量4m。

(4)由原来拆装最少2h以上变为2min,结束了桥隧、中间隔离带开口、停车港湾、排水沟等路面宽窄变化须频繁拆装机的历史,实现了连续变宽摊铺,大大提高了摊铺质量及施工效率。

2)应用简述

2014年广西河都高速全线采用中大抗离析摊铺机,"变形金刚"被业主授予"摊铺重器"的称号(图1.8.3)。

湖北谷竹高速全线采用中大抗离析"变形金刚"摊铺,13条高速的正副指挥长、正副总监、质监局、各主管部门领导,32个项目的经理、总工,总计200余人参加谷竹大宽度摊铺路面施工现场会,随即在各条路全面推广。

135座桥、38座隧道,桥、隧占比70%的甘肃成武高速全线采用中大抗离析"变形金刚"摊铺沥青,成为中大在甘肃的亮点工程。

12.95~16m连续变宽的广东广乐高速7个标全线采用"变形金刚"桥、隧、路沥青摊铺,成为中大在广东的经典工程。

Power DT1800"变形金刚"型端头伸缩3m,桥隧两用湘西怀通高速展风采(图1.8.4)。

图1.8.3 "变形金刚"摊铺机过隧道不拆机

图1.8.4 Power DT1800"变形金刚"型端头伸缩3m,桥隧两用湘西怀通高速展风采

8.2.3 沥青稳定碎石基层大厚度全幅摊铺与碾压案例

Power DT系列超强劲、抗离析、多功能摊铺机在沥青碎石基层摊铺过程中一机代替多机,两层一次摊铺,实现了16m宽、19cm厚沥青碎石大宽度、大厚度一次摊铺(图1.8.5)。

Power YZC13/17变质量调频调幅双钢轮振动压路机,采用双驱双振液压传动,前后轮防滑设计,启停、行走、振动平稳控制,通过质量、振幅、振频的合理匹配,实现了碾压平整度好、作用深度大、压实效率高的综合效果,既解决了沥青碎石大厚度两层一次摊铺压实的难题,又满足了薄层压实的需要,一机多能。

Power YL27/37变质量轮胎式压路机,采用静液传动技术,无级变速,静液压、机械盘式、轮边钳式三重制动，启停机平稳，安全可靠，通过变质量调节，兼顾了厚层和薄层揉搓压实的需要，一机多能。

图 1.8.5　沥青碎石大宽度、大厚度一次摊铺

8.2.4　高填方基础强力压实案例

Power YZ36 超重吨位超大激振力单钢轮压路机总作用力达 1040kN，百吨夯实力，可广泛应用于高填方基础压实、移山填谷路基夯实、路基补强、四改八拓宽路基夯实、水利大坝强力压实、高铁路基夯实、机场高填方跑道路基夯实等基础强力压实（图 1.8.6），提高路基压实度，避免了工后沉降、塌陷、裂纹等问题的出现。

图 1.8.6　百吨夯实力将巨型顽石击成碎石碾成粉末

8.3　沥青路面大厚度全幅施工技术应用成果展示

我国通车的 9 万多公里高速公路，中大机械集团设备参建了其中的 2 万多公里，经过时间的验证，使用抗离析、大宽度、大厚度整体成型新工艺及其配套的特种成套高端设备建设的路面，通车十年仍然无坑洞、补丁，使高速公路的使用寿命延长了一倍以上。

8.3.1　工程获奖

2004 年参建的粤赣高速获得重大科技创新奖。

2005 年参建的思小高速、2006 年参建的景婺黄高速、2009 年参建的湖北大广北高速皆获得土木工程最高奖项——詹天佑奖（图 1.8.7）。

2010 年江西 15 条高速 40 多台设备展示了中大的独特性能。

2011 年黑龙江全省 7 条高速全部采用中大抗离析摊铺机 60 余台，三年工期两年完成，以质量和效率赢得了喝彩。

2012 年参建的汝郴高速文明特大桥获鲁班奖。

图 1.8.7　詹天佑奖

8.3.2　业界惊叹

2013 年连霍高速四车道改八车道扩建 8 个标全线采用中大 26 台抗离析摊铺机摊铺。

广东广深沿江高速 18.75m 超大宽度一次摊铺引起行业轰动。

“变形金刚”在湖南怀通高速横空出世,引起了行业的高度关注和普遍赞誉。

8.3.3　在国家许多重点工程项目中大展风采

参与建设了我国第一条坡度大、弯度大、标准高、难度大、可升级为 F1 赛道的鄂尔多斯山地赛车场(图 1.8.8)。

图 1.8.8　鄂尔多斯山地赛车场施工现场

世界上最大跨度的跨峡谷悬索桥——湖南矮寨大桥(图 1.8.9)。

图 1.8.9　湖南矮寨大桥

上海世博大道(图 1.8.10)。

天津滨海大道(图 1.8.11)。

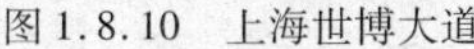
图 1.8.10　上海世博大道

图 1.8.11　天津滨海大道施工现场

以及连霍高速四车道改八车道改扩建、京新高速四车道改八车道、京哈高速四车道改八车道、福夏高速四车道改八车道等项目。

8.4　沥青路面大厚度全幅施工技术应用效果对比

8.4.1　施工效果对比

从图 1.8.12 可以清晰地看到,采用中大多功能摊铺机单机大宽度、大厚度一次性摊铺离析较轻,采用进口摊铺机并机摊铺离析明显。

a)中大多功能摊铺机单机大宽度、大厚度一次性摊铺

b)进口摊铺机并机摊铺

图 1.8.12　施工效果对比

8.4.2　雨后施工效果对比

雨后看路面最容易发现病害,从图 1.8.13 和图 1.8.14 可以清晰地看到,采用中大多功能摊铺机单机大宽度、大厚度一次性摊铺离析较轻,水膜分布均匀。采用进口摊铺机并机摊铺离析明显,水膜分布不均匀。

a)中大多功能摊铺机单机大宽度、大厚度一次性摊铺

b)进口摊铺机并机摊铺

图1.8.13 雨后施工效果对比(一)

a)中大多功能摊铺机单机大宽度、大厚度一次性摊铺

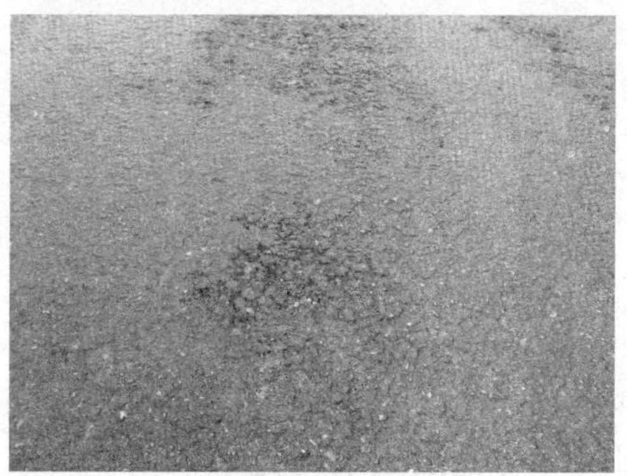

b)进口摊铺机并机摊铺

图1.8.14 雨后施工效果对比(二)

8.4.3 通车若干年后比较

时间会说话,让时间证明一切!下面为通车若干年后使用中大抗离析摊铺机与其他摊铺机的对比照片,中大抗离析摊铺机的摊铺效果在若干年后得以体现出来。

(1)江西省南昌西外环(图1.8.15~图1.8.18)

图1.8.15 P1标采用中大DT1400抗离析摊铺机全幅摊铺通车前照片

图 1.8.16　P2 标采用进口摊铺机并机摊铺通车前照片

图 1.8.17　P1 标采用中大 DT1400 抗离析摊铺机全幅摊铺通车 5 年后照片

图 1.8.18　P2 标采用进口摊铺机并机摊铺通车 5 年后照片

(2)云南省安楚路(图 1.8.19、图 1.8.20)

图 1.8.19　安楚 7 标采用中大 DT1300A 抗离析摊铺机全幅摊铺通车 8 年后照片

图 1.8.20　安楚 5 标采用进口摊铺机并机摊铺通车 6 年后照片

(3)广东佛山一环路(图 1.8.21、图 1.8.22)

图 1.8.21　4 标采用中大 DT1400 抗离析摊铺机全幅摊铺通车 5 年后照片

图 1.8.22　1 标采用进口摊铺机并机摊铺通车 5 年后照片

(4)陕西蓝商高速(图 1.8.23、图 1.8.24)

图 1.8.23　1 标采用中大 DT1600 抗离析摊铺机全幅摊铺通车 2 年后照片

图1.8.24　4标采用进口摊铺机并机摊铺通车2年后照片

(5)安徽铜汤高速(图1.8.25、图1.8.26)

图1.8.25　2标采用中大DT1600抗离析摊铺机全幅摊铺通车4年后照片

图1.8.26　3标三标采用进口摊铺机并机摊铺通车4年后照片

(6)江西景鹰高速(图1.8.27、图1.8.28)

图1.8.27　DP2标采用中大DT1600抗离析摊铺机全幅摊铺通车4年后照片

图 1.8.28　DP1 标采用进口摊铺机并机摊铺通车 4 年后照片

(7)福州机场高速(图 1.8.29)

图 1.8.29　采用中大 DT1400 摊铺机通车 6 年后路面效果

(8)连霍高速(郑州段)(图 1.8.30)

图 1.8.30　4 改 8 采用中大抗离析摊铺机全幅摊铺通车 4 年后照片

(9)京港澳高速(郑州段)(图 1.8.31)

图 1.8.31　京港澳高速(郑州段)4 改 8 采用其他摊铺机摊铺通车 2 年后照片

第二篇

水泥稳定碎石基层全厚全幅施工技术

第1章 水泥稳定碎石基层全厚全幅施工技术研究

1.1 水泥稳定碎石基层双机分层摊铺存在的问题

水泥稳定碎石材料用作高等级路面基层时,其厚度一般都大于20cm,需分层铺筑。《公路路面基层施工技术细则》(JTG/T F20—2015)规定:基层分层施工时,下基层成型、碾压完毕后,至少需要养生7d后再铺筑另一层,但工程实践表明,这种施工方法存在一定的问题和弊端,主要表现在以下几个方面。

1.1.1 整体性差

在路面结构设计中基层作为整体考虑,但运用分层施工的方法,下层光面,二层大料滚落造成两层结合不紧密,容易使上、下基层之间形成分离,使上基层底面的弯拉应力增大,对路面基层整体性能及结构的使用寿命产生不良影响,特别是目前水泥稳定碎石基层存在层间联结不紧密、整体性差的情况。

1.1.2 双机联铺生产率低

实践证明,双机联铺时,由于两台摊铺机需要熟练配合,一台摊铺机自卸车上料时势必对另一台摊铺机产生影响。另一方面,如有一台摊铺机发生故障整个摊铺就要停止,很显然,两台摊铺机发生故障的概率要高于单机。双机联铺时生产率比用大功率摊铺机单机摊铺低30%~40%。

1.1.3 双机联铺平整度差

并机摊铺时两台摊铺机的松铺系数不可能完全一致,极易使中间接缝处一边高一边低,造成路面平整度差,影响路面质量、平整度和美观。

1.1.4 工期长

分层施工时,下层施工完毕后需要较长的养生时间,增加了工程工期。基层分层施工时,下基层成型、碾压完毕后,至少需要养生7d后才能铺筑另一层,而全厚式一次摊铺除省去7d养生期外还节约了备料、支模、清扫、洒水泥浆等施工准备时间。

1.1.5 基层易产生早期损伤

即便是下基层在铺筑后进行了养生,但在上基层铺筑过程中,下基层的强度尚未充分形成，因而上基层施工过程中大吨位振动压力机和工程运输车辆的碾压极易造成下基层结构的早期损伤，导致基层下部结构散裂、细观裂隙发育、强度形成不够充分。

1.1.6 双机联铺时拼缝离析严重

并机摊铺时，中间接缝处存在很大程度的离析(图2.1.1)，接缝处一般是车道处(汽车轮碾过的地方)，严重地影响了公路质量。

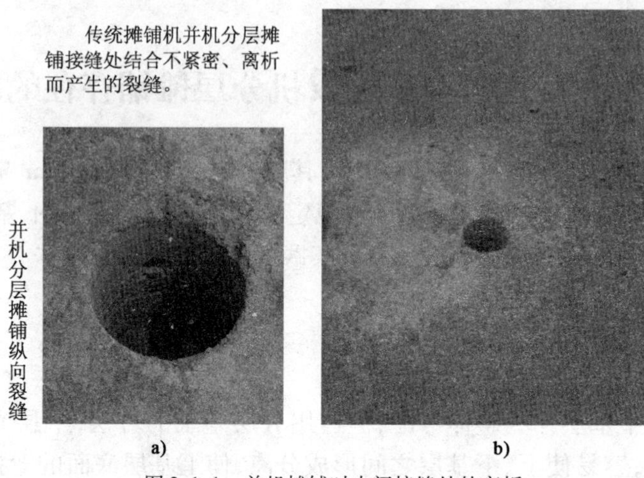

图2.1.1 并机摊铺时中间接缝处的离析

1.1.7 增加工程造价

分层施工时，同样的基层施工工序需要重复进行两次，造成施工单位人力、物力投入的增加，同时增加了工程造价。

1.1.8 层间污染

高速公路施工时，各分项工程的交叉施工在所难免；基层施工时，同时还有绿化、交通机电工程、安全设施、标志标牌等交叉进行，层间污染无法避免，层间污染造成两层很难结成一体。

1.1.9 上下基层裂缝相互反射

上、下两层基层的密实度不同或摊铺间隔时间长，膨胀系数不同易造成裂纹。同时，实践中发现下基层产生的裂缝也能反射到上基层上，统计结果显示水泥稳定碎石基层双层摊铺时产生的裂缝明显高于单层摊铺。

水泥稳定碎石基层之所以要分层摊铺，主要是因为目前大部分压实设备的影响激振力小，影响深度有限，大厚度铺筑时不能保证基层底部的压实度。另外，传统摊铺机的最大摊铺厚度只有30cm左右，并且随着摊铺宽度和摊铺厚度的增加，材料离析加剧，不能满足大厚度全幅摊铺的需要。

因此，如何在施工过程中一次成型20cm以上水泥稳定碎石材料成为公路建设中值得深入研究的课题。

1.2　水泥稳定碎石基层全厚全幅施工技术研究

对于半刚性材料基层施工过程中一次成型的问题,国内外相关的研究比较少,主要研究涉及在摊铺半刚性材料基层过程中做到保证半刚性材料基层早期强度的基础上下一层摊铺间隔尽量短式的"连续摊铺",以及提高压实的施工工艺等方面内容,但是此类施工方式还是基于两层式施工方式,无法从根本上解决基层层间联结等问题。因此,至今尚未有适合的系统施工工艺及适合半刚性材料基层一次成型的材料组成。此外,在适合一次成型半刚性基层材料合理组成的基础上,随着施工机械的发展,大功率抗离析摊铺机和新型压实机械不断出现,类似于调频、调幅振动压路机、振荡压路机以及拖式振动碾等现代压实机械的出现,为半刚性材料基层一次成型对压实机械的要求的解决带来了生机。

为了解决水泥稳定碎石基层双机分层摊铺存在的问题,陕西中大集团、河南岭南高速公路有限公司和长安大学联合进行了大厚度水泥稳定碎石基层成型技术研究。

该课题主要针对大厚度成型水泥稳定碎石基层的适宜组成材料、大功率抗离析摊铺机、大吨位压路机、合理压实工艺、高等级公路一次成型水泥稳定碎石基层合理压实厚度与强度标准、压实机械的选型、合理搭配、控制标准以及一次成型水泥稳定碎石基层时压实、成型效果的检测方法等实际问题开展研究。

半刚性材料基层,特别是水泥稳定碎石基层材料在我国仍然是主要的基层类型,其成型方式将直接影响路面的工作状态和使用性能,对预防路面的早期破坏和延长路面的使用寿命具有很大意义。该研究成果将为半刚性材料基层提供科学实用的施工控制依据,并为相关施工技术规范的制定提供第一手的资料,对改善半刚性材料基层的实用施工效果、提高经济效益具有非常积极的意义。

1.2.1　研究内容及技术关键

(1)大厚度成型水泥稳定碎石基层材料合理材料组成。

(2)大厚度成型水泥稳定碎石基层振动压实适宜厚度、压实机理的研究。

(3)大厚度成型水泥稳定碎石基层施工设备的选型技术研究。

(4)大厚度成型水泥稳定碎石基层压实机械合理组合研究。

(5)大厚度摊铺抗离析摊铺机研究。

(6)施工工艺及控制技术研究。

(7)一次成型水泥稳定碎石基层压实、成型效果的评定及检测方法研究。

1.2.2　实施方案

(1)结合前期研究成果,对大厚度成型水泥稳定碎石材料的适宜材料组成开展研究。

(2)进一步研究水泥稳定碎石材料的压实特性,分别利用室内振动压实成型仪和重型击实试验方法,找到含水率、最大干密度与成型厚度、成型效果之间的关系,并对试件的力学指标等进行测试,根据试验结果,进一步总结一次成型水泥稳定碎石材料的适宜压实厚度和压实机理。

(3)根据室内研究成果,结合具体工程对不同压实机械进行压实效果的比较,并研究不同压实机械组合搭配的合理性,同时研究一次成型适宜厚度的抗离析摊铺机及施工控制方法。

(4)采用多种检测方法研究基层的压实、成型效果,其中包括:环刀法、落锤式弯沉仪、表面波法、钻芯取样等,这些方法将适用于基层内材料的密实程度,进一步确定不同压实方式的成型效果。

1.2.3 研究目标

(1)系统掌握适宜大厚度成型的水泥稳定碎石材料的级配组成、成型厚度。

(2)提出适用于成型大厚度水泥稳定碎石基层材料的抗离析摊铺机械、压实机械及合理的机械组合。

(3)给出一次成型水泥稳定碎石基层材料施工工艺及控制技术研究。

(4)确定一次成型水泥稳定碎石基层材料压实、成型效果的评定及检测方法。

1.2.4 项目前期研究工作

(1)相关资料的收集和分析。

(2)水泥稳定碎石基层材料合理组成材料的初步研究。

(3)水泥稳定碎石基层材料的振动压实特性与机理的初步研究。

(4)水泥稳定碎石基层材料合理压实机械选型的初步研究。

(5)水泥稳定碎石基层材料压实效果的评价方法。

目前,这些研究已经取得了阶段性的研究成果,为进一步的实际应用和深入研究提供了良好的基础。

1.2.5 项目实施的经济、社会和环境预期效益

基层是道路结构中重要的组成部分,基层层间联结质量的好坏直接关系到道路的使用寿命及服务水平。成型大厚度水泥稳定碎石基层材料的研究对于目前的道路建设具有很明显的实际应用价值,压实机械选型技术、施工控制技术、压实效果评价方法及检测方法等研究成果对于修筑质量良好的道路基层、降低工程造价、加快工程施工进度有着积极的意义。同时,本课题的研究成果还将为以后制定水泥稳定碎石基层压实标准、施工规程以及试验评价方法等提供依据。

综上所述,本课题研究成果在公路交通建设中具有很好的经济、社会效益,具有良好的推广应用前景。

1.3 经济效益分析

(1)单机摊铺配套设备和施工人员减少,工艺简便,经济效益明显。

单机摊铺时仅需1组配套的施工人员(图2.1.2),而双机铺筑时要两组配套的施工人员(图2.1.3)。

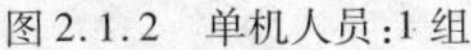
图2.1.2　单机人员:1组

图2.1.3　双机人员:2组

(2)减少设备租赁费,提高施工效率。

如图2.1.4所示,单机全厚式施工时,施工总时间仅为双机分层摊铺的40%,可大幅度减少设备租赁费、人员管理费等。

图2.1.4　单机全厚式施工

一次性摊铺碾压成型,基层将形成一个整体的板块结构,相对于两次分层摊铺来说,其抗拉伸、抗冲击强度可以提高80%以上,可以有效地避免和推迟早期路面的下沉,车辙形凹陷、分裂脱落、坑洞等常见病的产生。对于提高公路路面质量、延长公路寿命有很大的意义,无论经济效益还是社会效益均显著提高。

1.4　使用效果

1.4.1　杜绝了因层间连接问题产生的基层病害

(1)如图2.1.5所示,分层摊铺层间黏结不牢,是水泥稳定碎石施工中经常遇到的问题。从图2.1.6可以看出,分层摊铺时由于污染、未洒水泥浆等多种原因会造成层间黏结不牢。

图2.1.5　分层摊铺层间黏结不牢

图2.1.6　并机分层摊铺结合不好而被铲掉的水稳层

(2)并机分层摊铺纵向裂缝。

传统摊铺机并机分层摊铺接缝处结合不紧密(图2.1.7)、离析而产生的裂缝(图2.1.8)。

图2.1.7　接缝处及层间结合部为薄弱部位

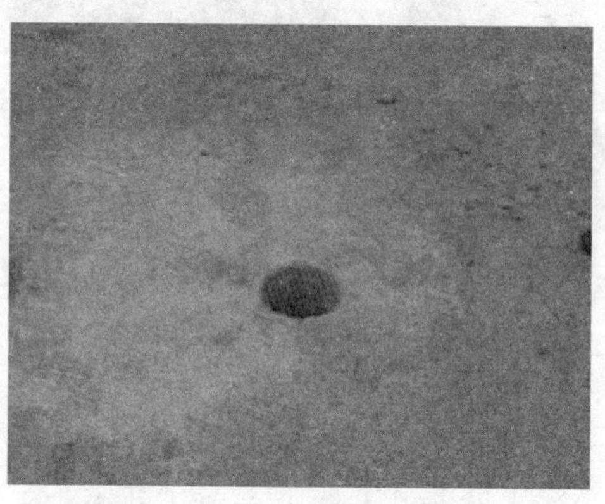

图2.1.8　并机分层摊铺纵向裂缝

1.4.2　摊铺效果对比

(1)平整度对比

图2.1.9　主熨平板是一个整块钢板

单机摊铺时主熨平板是一个整块钢板(图2.1.9),由于主熨平板是一个整块钢板,相对于双机联铺的两块钢板,平整度有所提高,摊铺的均匀性增加。

图2.1.10为单机摊铺,从图中可明显看出平整度很高,不存在双机联铺时接缝处平整度差的情况。图2.1.11为双机摊铺,平整度显然比图2.1.10差多了。

图2.1.10　单机摊铺的平整度

图2.1.11　双机摊铺的平整度

(2)摊铺效果对比

图2.1.12为单机摊铺,表面混合料分布均匀,无离析,平整度高。图2.1.13为双机摊铺,平整度很差,表面离析严重,混合料分布不均匀。

图 2.1.12　单机摊铺,表面混合料分布均匀

图 2.1.13　双机摊铺表面离析严重

1.4.3　取芯效果对比

图2.1.14为单层施工,图2.1.15、图2.1.16为分层摊铺,从照片中可明显看出,图2.1.14中混合料形成骨架,大料分布均匀,芯样表面光滑,非常密实。图2.1.15中芯样上、下两层级配变异很严重,上基层偏细,下基层级配正常,总体均匀性差。图2.1.16中,虽然芯样上、下两层级配变异不大,但分层连接处空隙大,说明双层施工时黏结为薄弱环节。

图 2.1.14　混合料形成骨架,大料分布均匀

图 2.1.15　上、下两层级配变异

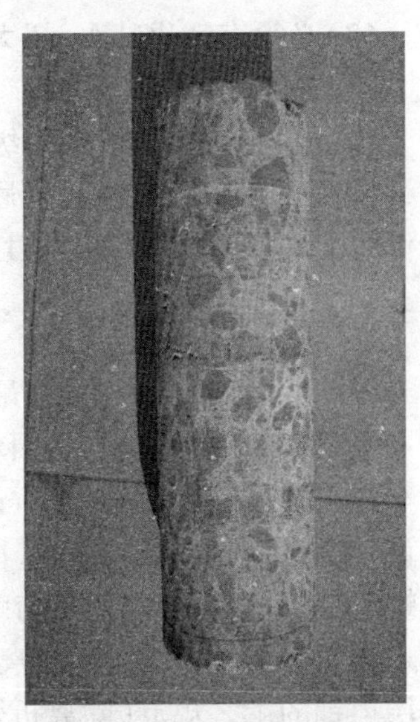

图 2.1.16　分层连接处空隙大

1.4.4　全厚全幅一次成型摊铺效果评价

(1)改善各种离析,效果显著。

(2)大厚度摊铺无分层,整体板块结构性好。

(3)大宽度摊铺无并机接缝离析,避免了纵向裂缝。

(4)单机一次找平,无过渡搭接,密实度均匀,平整度提高。

(5)单机摊铺,生产率高,配套设备少,费用低,经济效益好。

1.5 配套的机械设备

水泥稳定碎石基层全厚全幅施工需要摊铺厚度500~600mm的摊铺机,同时需要大吨位的压路机配合施工完成碾压工作。

高速公路水稳层全厚全幅整体成型施工工艺得以实现的条件有以下几条。

(1)发动机大功率、液压系统大排量、传动系统大扭矩、控制系统高精度的摊铺设备。

①必须抗离析,必须具有满埋螺旋二次搅拌能力,要有效克服横、竖、纵、片状离析。粗细料均匀才能保证碾压后平整度和结构强度。

②输料布料必须均匀,螺旋输料必须平稳,输料槽料位必须平稳,螺旋布料密实均匀才能保证碾压后铺层平整。

③摊铺预压实度必须高,松铺系数要小,与压实度必须要达到80%以上,削峰填谷能力才强,也才能提高平整度。

(2)超大吨位、超大激振力压实设备。

①必须有超大吨位、超大激振力,以保证把压实力有效传到铺层底部,先压实底部。

②必须有全液压、双驱、前后轮驱动自动控制、碾压平稳起停平稳,不推移,不拥包。

(3)必须有雾化补水、超大吨位、液压驱动和控制的轮胎式压路机,雾化补水,防止表层松散、石子压碎。

(4)必须有超大吨位、无级调频、多振幅、双钢轮压路机,静压、上层压实和收面。

陕西中大集团致力于水泥稳定碎石基层全厚式施工配置机械的研究和研制,开发出了与水泥稳定碎石基层全厚式施工配套的DT系列摊铺机和36t的单钢轮振动压路机。

1.5.1 摊铺机

第一代DT1300摊铺机,最大摊铺宽度13m,最大摊铺厚度40cm。

第二代DT1400摊铺机(图2.1.17),最大摊铺厚度50cm,最大摊铺宽度14m,能满足双向四车道高速公路水泥稳定碎石基层一次摊铺成型。中大DT1400型超级摊铺机(功率220kW)的设计理念,就是通过具有二次搅拌以改善离析与均匀输料和布料综合功能的抗离析、大生产率螺旋装置设计,辅以整机与螺旋驱动大功率配置,兼备基层稳定土与面层沥青摊铺多用途,实现单机大宽幅、大厚度、抗离析一次成型摊铺作业,改善离析,改善双机并幅摊铺与基层上下分层摊铺的工艺规范(除离析外,基层分层摊铺另与压实能力有关),为现代大型摊铺机的技术发展探索一条新路。

图2.1.17 中大DT1400摊铺机

第三代 DT1600 摊铺机(图 2.1.18),最大摊铺宽度 16m,最大摊铺厚度 60cm,碾压后基层厚度 45cm,能满足双向六车道高速公路水泥稳定碎石基层一次摊铺成型。DT1600 型多功能摊铺机是陕西中大机械集团继 DT1400 多功能摊铺机之后倾力推向市场的旗舰之作,瞄准世界摊铺机先进的设计理念和技术,大幅度提升摊铺机各项技术指标,其鲜明特征是全新的原装进口依维柯电子调速电喷射共轨原理 269kW 大功率发动机、高效率的宽体机架以及适应大厚度的摊铺调整结构。

第四代 DT1800 摊铺机(图 2.1.19),最大摊铺宽度 19.5m,最大摊铺厚度 60cm。陕西中大机械集团生产的 DT1800 型稳定土/沥青混凝土多功能摊铺机,其鲜明特点是:改善离析现象、高平整度、高密实度。

图 2.1.18　DT1600 型多功能摊铺机

图 2.1.19　DT1800 型多功能摊铺机

1.5.2　压路机

(1)第一代 YZ32 压路机

为保证摊铺厚度达 40 ~ 60cm 大厚度摊铺的碾压作业,陕西中大集团公司研制出配套的 32t 超大激振力、振幅振频无级可调的单钢轮全液压振动压路机(图 2.1.20),最大总作用力达到 810kN。

(2)第二代 YZ36 压路机

复压压实设备选用陕西中大机械集团湖南中大机械制造有限责任公司专为大厚度配套研制生产的 YZ36 型超重吨位超大激振力全液压自行式单钢轮振动压路机(图 2.1.21)。其鲜明特点是:超重吨位,超大激振力,激振力、振频,振幅区间无级可调,压实效果好,作用力深,功效高;由于该压路机吨位大,激振力大,作用力深,在大厚度压实方面显示出无与伦比的优越性,压实功效是常规压实设备的 3 倍。

图 2.1.20　YZ32 压路机

图 2.1.21　YZ36 压路机

配套的机械设备详细介绍见下一章。

第2章　水泥稳定碎石基层全厚全幅施工机械简介

水泥稳定碎石基层全厚式施工的专用机械主要是摊铺机和压路机，目前能满足大厚度(虚铺40～60cm，压实后基层厚度为35～45cm)摊铺要求的只有陕西中大DT系列摊铺机，配套的压路机为陕西中大36t单钢轮液压振动压路机，下面对这一配套产品简单作一介绍。

2.1　DT1800型多功能摊铺机

第四代DT1800型多功能摊铺机(图2.2.1)是陕西中大机械集团继DT1600多功能摊铺机之后倾力推向市场的旗舰之作。

a)

b)

图2.2.1　DT1800型多功能摊铺机

该机的主要结构特征和技术参数如下：

(1)传动形式：全液压传动。

(2)行走形式：履带式。

(3)熨平装置形式：机械加宽。

(4)操纵方式：全自动及手动。

(5)控制方式：闭环数字控制。

(6)输料方式：双刮板及双螺旋。

(7)夯实方式：调频变幅双振捣及调频振动。

(8)摊铺宽度：3～19.5m。

(9)最大摊铺厚度：600mm(碾压后基层厚度可达450mm)。

(10)最大摊铺速度:14.3m/min。

(11)最大行驶速度:2.53km/h。

(12)理论生产率:1200t/h。

(13)平整度:$\sigma \leq 1.2$mm(沥青混凝土);

$\sigma \leq 3$mm(稳定土)。

(14)压实度:≥88%(沥青混凝土);

≥85%(稳定土)。

(15)发动机:IVECO F2CE9687D 高压共轨电喷发动机,306kW /2200rpm。

(16)整机质量:39.5T。

(17)运输尺寸:7025mm×3520mm×3580mm(长×宽×高)。

该机与国内同类产品相比,有以下几方面特点。

2.1.1　采用高性能进口元件保证整机可靠性

1)原装进口依维柯电子调速电喷射共轨原理306kW大功率发动机(图2.2.2)

该机采用进口依维柯306kW电喷共轨原理电子调速发动机,本身就是基于一个高配置的平台,其先进的设计技术与完美的制造工艺相结合,为摊铺机提供了强大的、可靠的动力源,可满足满埋螺旋大功率输料、大厚度、大宽度摊铺稳定土的动力需要,并可有效避免大吨位料车撞击、制动等的影响,使摊铺机工作更平稳、更可靠,更省油。其优良性能表现在以下方面:

(1)燃油过滤后经低压共轨,发动机各缸均从低压共轨中取油,喷油压力由凸轮轴系统顶推形成,燃油油量和喷油时间由电子单元喷射器(博世boschpde30-31)和ECU(博世boschms6.2)控制(图2.2.3),喷射压力达1600bar,普通柴油机仅能达到275bar。

图2.2.2　IVECO F2CE9687D 306kW电喷发动机

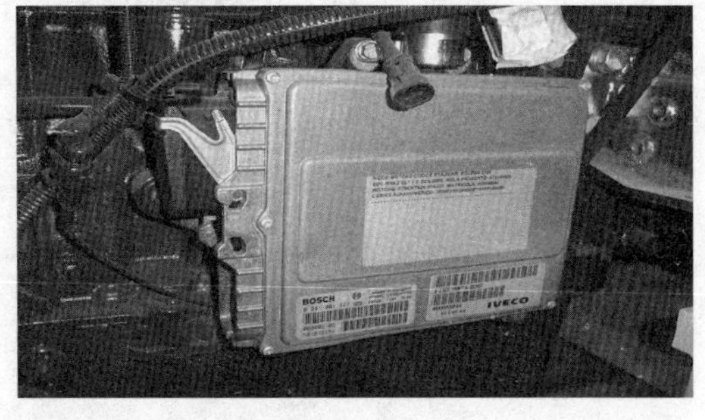

图2.2.3　ECU控制单元

(2)可变体积涡轮增压器(图2.2.4)由ECU控制,在任何工况下都具有持续的扭矩,有足够的功率供给螺旋,物料能满埋螺旋输送,而国内同类产品功率大多不高于180kW,一般情况下,物料只能埋住螺旋叶片直径三分之二输送。

(3)发动机CCV系统(图2.2.5)属于依维柯专利,当气体进入进气歧管时,该系统通过冷凝作用分离和回收发动机机油,使得废气排放少,机油耗量少,发动机使用寿命更长。

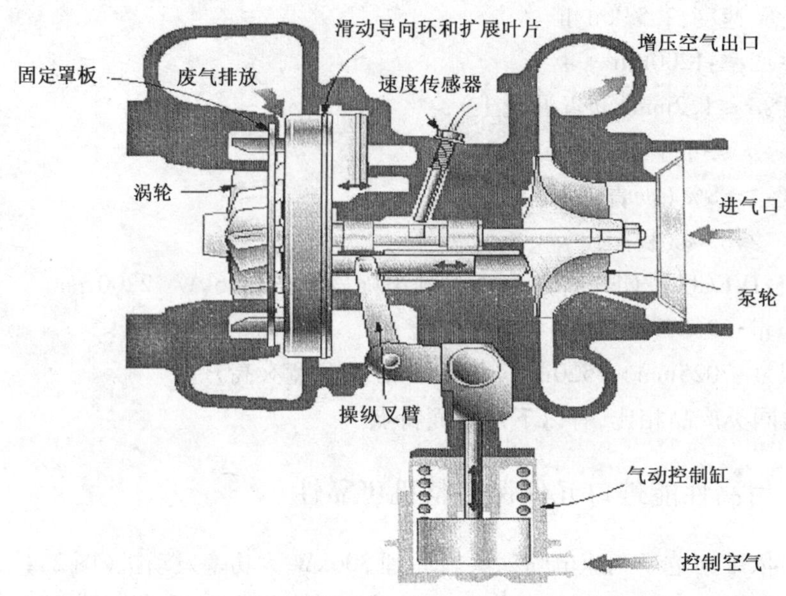

图 2.2.4　可变体积涡轮增压器

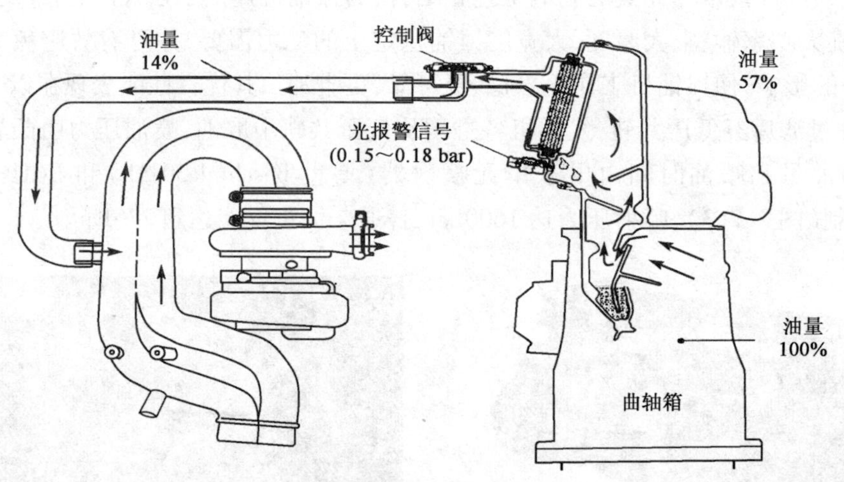

图 2.2.5　CCV 系统

2）选用德国力士乐液压部件

液压部件见表 2.2.1、图 2.2.6。

DT1600 液压部件与同类产品对比表　　表 2.2.1

系　统	中大 DT1600		同类产品	
	型号	压力级别	型号	压力级别
行走泵	A4VG56	高压	A10VG45	中压
螺旋泵	A4VG56	高压	A10VG45	中压
刮板泵	A10VG28	中压	齿轮泵	—

续上表

系　统	中大 DT1600		同类产品	
	型号	压力级别	型号	压力级别
振捣泵	A4VG56	高压	A4VG32	高压但排量小
振动泵	A10VG28	中压	齿轮泵	—
振动马达	A2FM12	高压	A2FM12	高压
振捣马达	A2FM45	高压	A2FM32	排量小
螺旋马达（意大利）	SA1 GM41300 低速大扭矩	高压 排量1300	马达+减速机等效 排量656	—
行走马达	A6VE80	高压	A6VE80	—

3)行走系统选用力士乐GFT60T3-170减速机

力士乐GFT60T3-170减速机传动比大,低速平稳,有足够的扭矩储备,提高了可靠性(图2.2.6、图2.2.7)。

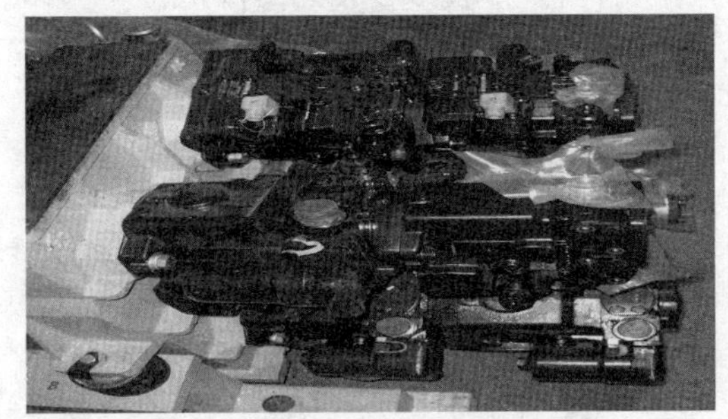

图2.2.6　德国力士乐高压系列液压元件

图2.2.7　力士乐GFT60T3-170减速机

4)其他部件配置

(1)找平油缸电磁阀,分流阀:德国博士Bosch。

(2)速度控制器:德国力士乐。

(3)超声波料位器:德国MOBA(图2.2.8)。

(4)自动找平系统:德国MOBA非接触找平系统(图2.2.9)。

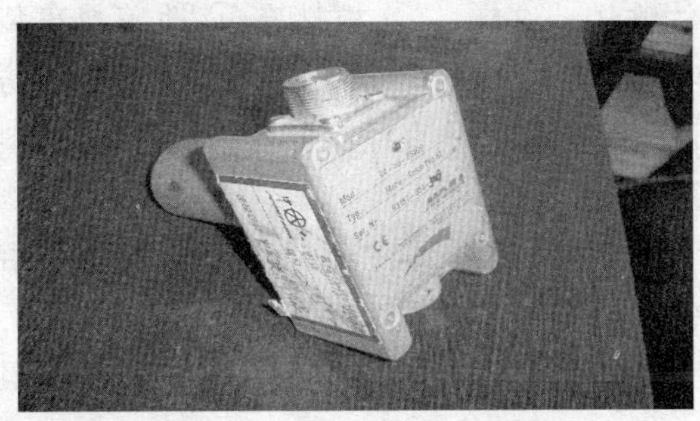

图2.2.8　MOBA超声波料位器

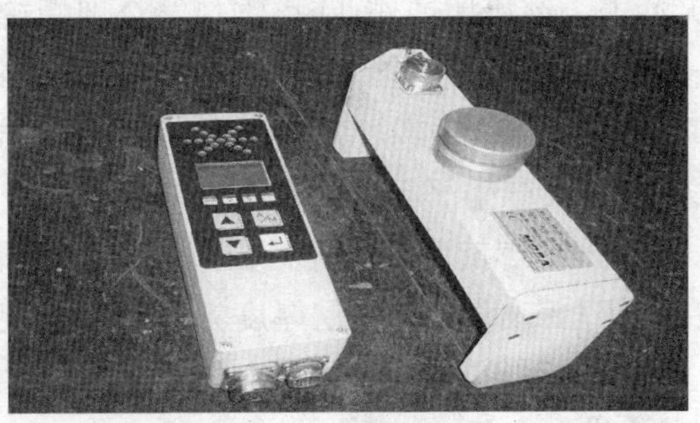

图2.2.9　MOBA非接触找平系统

(5)集中润滑系统:德国贝克 BEKA。

(6)各类功能继电器:德国海拉 HELLA。

(7)主要电缆:德国兰普。

2.1.2 作业范围广

(1)该机既有摊铺沥青混凝土的优越性能,又有大厚度摊铺稳定土的特殊特性,是真正意义上的多用途摊铺机。该机熨平装置上采用大量程厚度调节机构(图 2.2.10),摊铺厚度可达600mm 以上。这样能针对不同的摊铺厚度方便地调节熨平板仰角,同类产品厚度调节机构调节量偏小,无法大厚度摊铺稳定土,工作中熨平板出现负仰角,影响摊铺质量。

(2)加长的机架为加大料斗提供了空间,料斗尺寸长 2490mm,远大于一般的料斗,机架的基本宽度 3m,使得展开后的料斗宽度达到 3321mm,刮板输送链宽度为 600mm,料斗容量更是达到18t,堪称同机型最大(图 2.2.11),满足越来越大的施工车辆的倾卸要求,提高了生产效率。

图 2.2.10 厚度调节机构

图 2.2.11 加大的料斗

(3)简易的防反拱装置,调整方便,满足了大宽度时抵抗熨平板变形的功能要求。

(4)宽大的机身为大宽度提供了稳定的基础,在熨平板连接为 19.5m 时,依然有较好的结构刚性。

2.1.3 改善离析现象

(1)国内独家应用低速大扭矩 SAI 马达作螺旋驱动,低速启动性能优良,带重荷载启动平稳无冲击。该机摊铺作业时,物料能全埋螺旋叶片输送。这样,二次搅拌充分,改善料车装卸料、摊铺机收斗等前道工序造成的离析,大小物料均匀输送,改善片状、V 字形离析,有效防止了离析窝的出现,改善了离析现象。同类产品强调料埋螺旋叶片直径三分之二输送,大粒料易被送往两边,产生严重横向离析。

(2)该机螺旋前面的导料板离地高度小,而且可调整。这样,大料粒不易从导料板下沿滚落在地面上,改善了摊铺层厚度方向的离析现象(竖向离析)。

(3)该机螺旋料槽宽,输料畅通,螺旋支撑处的输料空间大。这样,改善了输料的滞阻现象,减小纵向离析。

(4)该机螺旋反向叶片大,有 4 片。螺旋反向叶片数量可变、角度可调,提高塞料能力,改善中缝处离析；而且固定牢靠，输料时不会转动，反向叶片对摊铺层中缝处填料充足，改善了中缝处的离析现象。国内外同类产品有的无反向叶片，有的螺旋反向叶片小，只有2片，输料量不足，易产生中缝处疏松和纵向离析。

2.1.4　高平整度，高密实度

(1)降低摊铺挡最高行走速度，使机器在大宽度、大厚度摊铺时变量液压泵排量增大，容积效率提高，减少摊铺机因负荷变化引起的速度误差，提高摊铺平整度。目前国内外同类摊铺机一挡设计速度偏高，在低速摊铺时速度不稳，平整度、密实度不均。

(2)提高螺旋链轮箱高度，避免在大摊铺厚度作业时链轮箱底部与摊铺面干涉，提高路面中缝处平整度(图2.2.12)。

(3)主熨平板的拼接方式为整板结构(图2.2.13)，避免摊铺中缝拉毛现象。

图2.2.12　可以提高的螺旋链箱

图2.2.13　主熨平板主体结构

(4)物料满埋螺旋，料槽中物料量变化误差小，摊铺密实均匀平整，保证碾压后的平整度。

(5)标准配置德国MOBA非接触式多组多探头自动调平智能控制系统。

(6)输料分料系统振捣频率相对摊铺速度自动比例控制，供料均匀，同类机型刮板为开关式控制，断续供料，冲击较大。在每个摊铺作业循环的起动加速过程中，振捣梁的振距与正常摊铺的振距保持一致，使摊铺路面密实度均匀，提高了平整度。

(7)熨平装置有防爬升、防下沉、延时浮动的液压锁止功能。在每个摊铺作业循环的起动和停机过程中，熨平板的高度和工作角保持不变，提高了平整度和密实度的均匀程度(图2.2.14)。

(8)调频变幅双振捣装置。根据不同的摊铺材料和对摊铺层密实度的要求，可理想地设定振捣幅度和频率，水稳层的密实度可达85%以上。

(9)宽敞的料槽和全埋螺旋叶片连续输料，向熨平板前沿塞料充足，增强了熨平板对摊铺层的压实效果，从而提高了密实度。

2.1.5　独特的结构形式

(1)行走双履带采用德国力士乐电控系统独立驱动和控制(图2.2.15)。保证行走速度稳定及转向精确，具有故障自诊断功能。

图 2.2.14　防爬升、下沉机构图

图 2.2.15　力士乐电控行走控制系统

(2)两条履带采用摆动梁结构(图 2.2.16),遇到不平整路面时可自动调整摆角,使履带可靠接地,行走更加平稳,保证摊铺质量,而同类产品履带刚性连接,路面不平时不能调整而局部接地不实,在某一状态下突然接地对平整度造成影响。

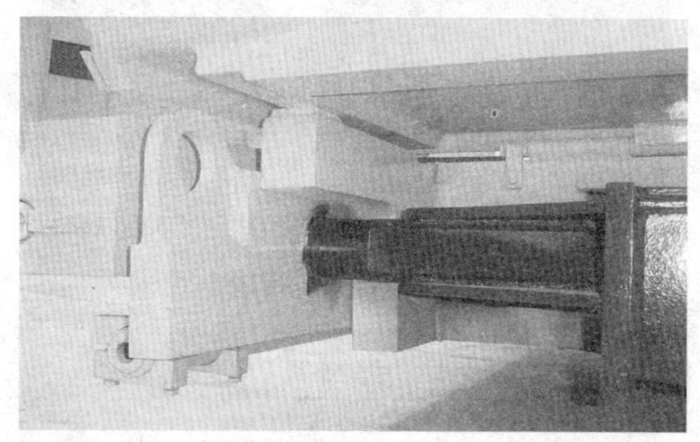

图 2.2.16　履带摆动梁结构

(3)发动机有独立的支座(图 2.2.17)并与机架三点支撑(异于常用的四点支撑),维修方便,在不平地面行驶时,车架变形不影响发动机工作状态,避免了机架对发动机的影响。

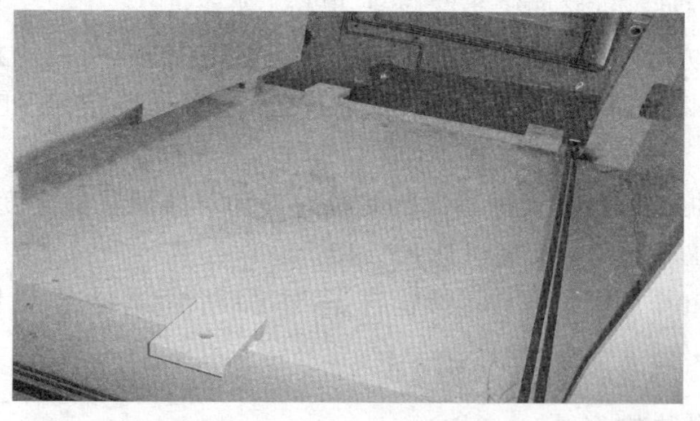

图 2.2.17　发动机独立支座

(4)螺旋链与刮板链均为加强规格(图 2.2.18),保证了高可靠性和高寿命。

(5)该机螺旋输料采用低速传动方案,马达排量大,系统压力小,低速带重荷载启动平稳,而高速马达加减速机启动冲击大，系统压力偏高，不宜全埋螺旋叶片输送。

图 2.2.18　加强的螺旋与刮板链

(6)发动机机罩采用整体翻盖结构，便于检查、维护、保养(图 2.2.19)。

(7)充分的发动机冷却系统在恶劣的环境下，保证液压油温、水温均在理想的范围之内，无过热之忧，满足元件高寿命的要求(图 2.2.20)。

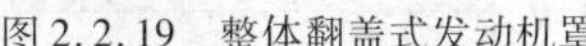

图 2.2.19　整体翻盖式发动机罩

图 2.2.20　加强的水、油冷却系统

(8)料螺旋大范围调节，叶片直径可分为 $\phi480$、$\phi420$、$\phi360$，根据不同工况选择布置(图 2.2.21)。

(9)提高操作、保养的方便与舒适性。螺旋、刮板、熨平装置摩擦副采用进口集中强制压力润滑，工作可靠、保养方便；整机重心位置合理，转场运输中无须另加配重；螺旋叶片采用耐磨合金材料，耐磨性、韧性增加，寿命长。

图 2.2.21　可选择的螺旋叶片

(10)简易的液压伸缩熨平装置。轻巧的液压伸缩挡料板是对熨平装置功能的完善和扩充，操作简单，伸缩自如，适应挖方、填方路基、桥面等宽度变化的要求以及补救行驶方向偏差，可大大减小操作员劳动强度，尤其在隔离墩预先设置好、传统螺杆无法调节的情况下更显出了极大优越性。

(11)独特创新设计的辅助卸料系统(国家专利)(图 2.2.22、图 2.2.23)。液压伸缩推辊和倾翻灵活控制的辅助料斗与主料斗衔接配合，减少了料车后门形成的输料不畅，用最短的时间快速完成卸料工序，既防止了料车卸料抛撒，又提高了刮板输送效率，满足了大厚度一次作业对输料量的要求，同时由于辅料斗的前后收放，改善了卸料离析。

图 2.2.22　辅助卸料系统（正常）

图 2.2.23　辅助卸料系统（卸料时状态）

2.1.6　DT1800 摊铺机与同类摊铺机的性能价格比较

DT1800 摊铺机与同类摊铺机的性能价格比较见表 2.2.2。

DT1800 摊铺机与同类摊铺机的性能价格比较表　　表 2.2.2

摊铺机基本参数	中大 DT1800	同类摊铺机
最大摊铺宽度	19.5	12
理论生产率	1500	800
铺层厚度	600	300
速度（m/min） （km/h）	作业 0～14.3 行走 0～2.53	0～16 0～3.6
主机质量（t）	39	17.35
熨平装置质量	15.2	8.25
平整度	沥青 $\sigma \leqslant 1.2$mm 稳定土 $\sigma \leqslant 3$mm	—
压实度	沥青≥88% 稳定≥85%	—
外形尺寸（mm）	7025×3520×3580	6686×3000×3260
发动机功率（kW/rpm）	306/2200	133/2300 126/2200
液压主泵	A4VG 系列（力士乐） 公称压力 40MPa 尖峰压力 45MPa	A10VG 系列（力士乐） 公称压力 30MPa 尖峰压力 35MPa
螺旋马达	低速大扭矩马达	高速马达加减速机
主要摩擦副润滑	集中方式	—
整体构造成本相对指数原装进口为基准	1.2	1
产品报价指数 原装进口为基准	0.9	1

2.2　YZ36 振动压路机

为保证摊铺厚度达 40～60cm 大厚度摊铺的碾压作业，陕西中大集团公司研制出配套的 36t 超大激振力、振幅振频无级可调的单钢轮全液压振动压路机（图 2.2.24）。

图 2.2.24　YZ36 液压振动压路机

总作用力 1040kN；铺层厚度 600mm，压实仅需 3 遍；水稳层上下压实度离差小，密实均匀；前后驱动自动匹配，振动行走同步控制，平整度好；可全面解决大厚度水稳压实中推移、拥包、上部过压、表面松散、下部不实等难题。

2.2.1　主要技术参数

主要技术参数见表 2.2.3。

主要技术参数　表 2.2.3

	工作质量 36000kg	最小离地间隙 510mm	爬坡能力 35%
	前轮荷载 24000kg	振动频率 20/28Hz	最小转弯半径 7000mm
额定功率 260kW	后轮荷载 12000kg	振幅 2.5mm	摆动角度 ±12°
额定转速 2100r/min	静线荷载 1043N/cm	激振力 590/450kN	转向角度 ±30°
发动机质量 776kg	振动轮宽度 2300mm；直径 1700mm	最大总作用力（激振力 + 前轮主力）1040kN	燃油箱容量 350L
怠速 600r/min	轴距 3270mm	行驶速度 Ⅰ档 0～6km/h Ⅱ档 0～8km/h	外形尺寸（长×宽×高）6596mm×2410mm×3100mm

2.2.2　主要结构及性能特点

（1）超重吨位、超大激振力。

自重 36t，最大总作用力达到 104t。可解决大厚度水稳、厚填方、路基压实的难题。

（2）压实效果好、功效高。

采用依维柯共轨、电喷、电子调速发动机，可满足超大激振力大填方压实的动力需要，工作可靠，省油。

发动机大功率，液压元件大排量，驱动与振动系统高可靠性，超长寿命设计。由于该压路机吨位大、激振力高，在压实大厚度方面显示出无与伦比的优越性，压实效率是常规压路机的三倍。

（3）平整度好。

平整度好，解决路面大厚度水稳层压实难题。振动轮体特殊结构设计与发动机转速、起停振、行走速度程序自动控制相结合,有效解决了超重吨位、超大激振力与平整度的矛盾。

(4)使用范围广。

该压路机除用于底基层和基层施工外,还可用于填土路基、填石路基的碾压施工以及铁路、机场、港口、码头、大坝等施工,另外还可代替冲击压路机进行高速公路填前碾压作业。

(5)使用寿命长、可靠性高。

采用力士乐高性能高压液压元件进行裕量匹配,提高整机性能与可靠性。控制阀、轴承、密封件、电器元件均为进口配套,充分保证整机性能与可靠性。

发动机、液压泵、液压马达、减速机及振动轮轴承等均选用国际知名品牌产品,液压传动系统与高性能的发动机构成柔性工作系统,无机械离合器产生的冲击负荷,使机器动力元件故障率大大降低,可靠性大幅度提高。

双侧液压马达纯扭矩对称驱动,使附加径向力趋于零。特有散热结构与稀油润滑相配合,超大吨位振动压路机的最易损部件——振动轴承在良好的工况下工作,寿命得以最大限度地延长。

(6)操作方便。

行走、转向和振动,三大系统均采用液压传动操作省力、方便。

(7)驾驶舒适。

采用多级减振,驾驶室采用人机系统工程设计,长时间驾驶舒适,视野开阔,不易疲劳。

(8)行驶平稳、爬坡度大。

行走系统前后轮采用三个独立液压马达驱动,无机械冲击,往复作业换向平稳,驱动力大,爬坡度大。

(9)离地间隙大、通过性好、机动性高。

本机最小离地间隙达50cm,通过性好、机动性高。转弯半径小,机动灵活,适用于狭小工作面作业。

(10)声光预警系统能在早期发现故障隐患,确保机器安全。

2.2.3 具有自主知识产权的创新设计

(1)振动系统多轴承结构设计。

(2)多油腔浇注式润滑系统,保证了轴承的可靠润滑与散热。

(3)三级减振系统,进口减振元件,保证了机器工作的可靠性、稳定性与操作舒适性。

2.2.4 路基应用

Power YZ36超重吨位超大激振力单钢轮压路机总作用力达1040kN,百吨夯实力,可广泛应用于高填方基础压实、移山填谷路基夯实、路基补强、四改八拓宽路基夯实、水利大坝强力压实、高铁路基夯实、机场高填方跑道路基夯实等基础强力压实,提高路基压实度,避免了工后沉降、塌陷、裂纹等问题的出现。

(1)填石路基压实(图2.2.25)

图 2.2.25　四遍将巨型顽石击成碎石碾成粉末

(2)路基补强压实作业(图 2.2.26)

图 2.2.26　路基补强压实作业

第3章　水泥稳定碎石基层全厚全幅施工关键技术

由于水泥稳定碎石基层全厚式施工（上、下基层整体全幅一次摊铺）目前尚属于新技术，大家对这项新技术了解甚少，甚至有的同志（包括许多专家）对此还持怀疑态度。从云南、广东、江西、河南等省份对这项技术的应用效果来看，大厚度水泥稳定碎石基层全幅施工是可行的，达到了预期的目的，解决了并机分层摊铺的诸多问题，代表未来水泥稳定碎石基层施工的发展方向。

水泥稳定碎石基层全幅全厚施工的关键是碾压、摊铺设备的选型和匹配。

3.1　施工关键环节

3.1.1　原材料的质量控制与管理

1）水泥

优选当地性价比高的水泥，在质量满足要求的前提下尽量降低工程造价，不盲目选择价高、运距远的水泥。

2）石料

石料的成败是决定骨架密实水泥稳定碎石基层是否能充分发挥抗裂效果的最关键要素之一，控制措施如下：

（1）石料厂家经优选后采用固定的厂家供应固定标段的方法，为防止施工单位从社会上进料，所有的材料款一律由合同单位委托业主向石料厂家直接付款。

（2）业主派一名石料监理、施工单位派一名专职的石料管理员进驻石料场，每天的产量、规格、质量、出料等实行日报，以加强动态管理。

（3）加大对进场石料的抽检力度，加强进场石料的管理，不同品种、不同批次的石料不得混放。

（4）制定了专项的石料卸料、堆料、上料的工艺。

（5）细集料要搭建防雨大篷。

对石料的管理详见本书其他章节。

3.1.2　设备的选型及匹配

水泥稳定碎石基层全幅全厚施工的机械种类与基层常规的双机分层施工一致，为拌和机、摊铺机、运输车、压路机、手持夯、洒水车等。

1）摊铺机

目前能满足大厚度（虚铺40～60cm）摊铺要求的只有陕西中大DT系列摊铺机，压实后基层厚度为45cm左右。

DT系列摊铺机采用依维柯原装进口、电喷、共轨原理电子调速发动机，可满足螺旋大功率输料、大厚度、大宽度摊铺稳定土的动力需要，并可有效避免大吨位料车撞击、制动等的影响，使摊铺机的工作更平稳、更可靠、更省油。

DT系列摊铺机采用独特的设计，拥有多项专利技术，是国内唯一拥有自主知识产权的大厚度摊铺机械，除满足大厚度基层、面层摊铺外，还可进行正常厚度的基层、面层摊铺施工，且效果优于同类机械。

DT1600、DT1800多功能摊铺机械的构造及性能特点详见上一章。

全厚、全幅摊铺机选型参考如下：

双向标准四车道高速公路基层全厚、全幅摊铺施工选用DT1300或DT1400多功能摊铺机。

双向标准六车道高速公路基层全厚、全幅摊铺施工选用DT1600多功能摊铺机。

双向标准八车道高速公路基层全厚、全幅摊铺施工选用DT1800多功能摊铺机。

2）拌和机

作为大厚度基层全幅施工机械的匹配原则是：摊铺机为主导机械，根据最佳摊铺速度下的摊铺机吞料量确定拌和机的型号。根据摊铺速度、摊铺宽度确定碾压机械的型号和数量。

DT系列摊铺机的最佳摊铺速度为1.5～2.5m/min，下面计算满足这一最佳作业速度下需要的水泥稳定碎石混合料用量。

（1）标准双向四车道高速公路

标准双向四车道高速公路基层厚度按36cm计算，基层宽度12.5m，摊铺机行驶速度90～150m/h，压实后的基层体积为400～675m^3，压实后的混合料密度按2.4t/m^3计算，每小时需混合料970～1620t。

这个混合料需要量是理论上的，实际施工中扣除不可见因素和考虑生产效率问题，实际上平均每小时混合料需求量约1000t。

根据上面的理论计算，现在一个高速公路路面标段一般在10～20km，考虑到工期因素，实现大厚度基层全幅摊铺，两台小时产量400t或500t的拌和机便可满足要求。

（2）标准双向六车道高速公路。

基层厚度拟按36cm计，基层宽度按16m计算，摊铺速度同上，理论上每小时需混合料1220～2016t。

考虑到总的作业生产率和施工中的客观因素，正常工期下，一个10～20km的路面标段配置两套小时产量500t或600t的拌和机可满足基层大厚度全幅摊铺施工要求。

3）压路机

压路机的配量是根据摊铺机的摊铺宽度和摊铺速度决定的，摊铺机速度以每分钟2m计，正常情况下压路机的配置如下。

(1)双向四车道高速公路大厚度全幅摊铺压路机配置。

36t 振动单钢轮压路机 1 台。

22t 进口振动单钢轮压路机 1 台。

20t 振动单钢轮压路机 1 台。

37t 胶轮压路机 1 台。

(2)双向六车道、八车道高速公路大厚度全幅摊铺压路机配置。

36t 振动单钢轮压路机 2 台。

22t 进口振动单钢轮压路机 1 台。

37t 胶轮压路机 1 台。

4)运输车

由于大厚度全幅摊铺用料量非常大,是双层摊铺的两倍用量以上,这就要求运输车数量尽量多,为了减少摊铺机撞击自卸车的次数,以提高平整度,要求自卸车吨位尽量大。正常情况下需要后八轮(装料 30t 左右)运输车 20 台以上,如果摊铺速度高,拌和功率大的时候,自卸车要求的数量更多。

5)其他

洒水车、手持夯等同双机联铺。

3.1.3 模板

由于大厚度摊铺时使用 32t 的超大吨位压路机,激振力达到 81t,由此引起的侧向力也很大,非常容易引起模具变形,要求模板的刚度大、变形小。

河南几条高速公路大厚度水泥稳定碎石基层施工,使用 32t 压路机开振碾压时,不但会引起模板侧向变形,还会造成模板的上下跳动,所以要在模板固定上下功夫。

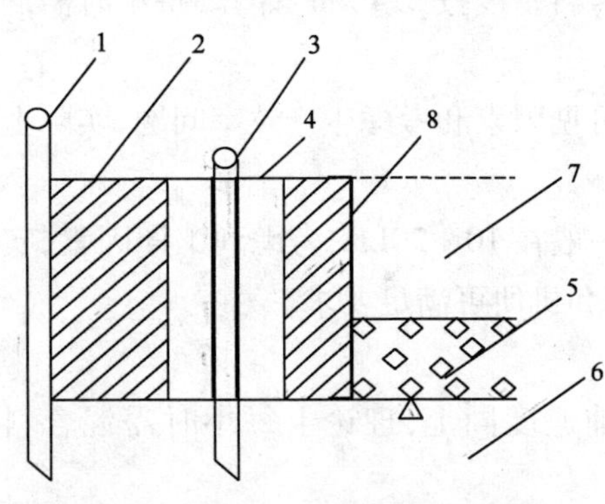

图 2.3.1 木模固定

1-外侧固定钢钎;2-木模;3-模内固定钢钎;4-钢管套;5-底基层;6-路床;7-基层;8-铁皮

模板用钢模、木模均可,人们对此有种误解,总认为钢模好,实际从使用效果上看木模更佳,在木模摊铺的内侧用铁皮包裹,拆模后表面光滑,截面非常漂亮。

模板的顶面与基层的设计高程一致为宜,无论是木模或钢模均要使用双排钢杆固定,否则无法抵御强大的压路机激振力。

如图 2.3.1 所示,木模固定在路床上,高度(厚度)为基层厚度 + 底基层厚度,宽度不小于 25cm,钢钎双排固定,一排固定在木模的外侧,另一排固定在木模的孔内(木模打孔后沉入钢管套)。

钢模采用型钢制造(一般为槽钢),要求双排钢钎固定(参照图 2.3.2、图 2.3.3 固定),如果采用上下两根 18 号槽钢对焊成一体的结构,则总体刚度偏小,要用其他方法进行加固,以增强刚度,减少变形。

图 2.3.2　钢模固定(右侧)

图 2.3.3　钢模固定(左侧)

3.1.4　配合比

《公路沥青路面设计规范》(JTG D50—2006)要求，高速公路、一级公路的基层宜采用骨架密度结构，级配可采用规范推荐的级配，也可以采用河南几条高速公路使用的级配(表 2.3.1)，两个级配各有优点，规范级配骨架形成得好，河南 S 高速公路高速的级配施工性能好，这里不详述。读者可根据实际情况，对上述级配进行调整，定出适合自己施工条件的级配。

大厚度水泥稳定碎石基层混合料推荐级配　　表 2.3.1

级　配	通过下列方筛孔(mm)的质量百分率(%)						
	31.5	19.0	9.50	4.75	2.36	0.6	0.075
新规范推荐级配	100	68 ~ 86	38 ~ 58	22 ~ 32	16 ~ 28	8 ~ 15	0 ~ 3
河南 S 高速公路级配	100	90 ~ 100	47 ~ 67	29 ~ 49	17 ~ 35	8 ~ 22	0 ~ 5

实际施工中要根据压实设备的配备情况和施工能力进行调整级配，为了路用性能的需要，基层级配一定要调成骨架密实结构，不用担心压实度不足，实践证明大厚度摊铺时使用骨架密实结构完全能满足压实度要求。

水泥剂量：设计强度 4 ~ 5MPa 时，设计水泥剂量为 3% ~ 4%，实际施工中水泥剂量以 3.5% ~ 4.2% 为宜。

成型试件用振动成型确定最大干密度，控制压实度。

3.1.5　松铺系数

松铺系数主要由混合料级配和摊铺机的夯锤力量决定，悬浮密实型混合料的松铺系数较骨架密实结构混合料略大一点；摊铺机的夯锤力量越大，松铺系数越小。

河南几条高速公路在水泥稳定碎石大厚度摊铺中，松铺系数为 1.35 左右，比双层摊铺的松铺系数要大很多，因为摊铺厚度增加，摊铺机的夯锤力量没有增大，所以松铺系数要增大。

3.1.6　含水率

含水率主要由试验确定的最佳含水率决定。根据施工季节的变化，冬季施工时以最佳含水率控制即可，夏季施工时比最佳含水率增大 1%，春秋季施工时比最佳含水率增大 0.2% ~

0.5%。

含水率的控制与双层摊铺时一致,关键是控制好细集料的含水率,尤其是雨后施工要更加注意含水率的变化。

施工开始、结束时,含水率容易产生偏差,宜手动调整。

3.1.7　平整度

许多人都有疑问,摊铺厚度那么大,平整度是否能保证。

表2.3.2是河南岭南高速公路路面五标大厚度试验段的平整度测量结果,从结果看平整度全部合格。

平整度(3m直尺)现场检测记录表　B-3-12　　表2.3.2

承包单位:　××公路工程总公司　　监理单位:××××工程咨询有限公司

合 同 号:　LN-LM-05　　编　　号:

单位工程	K61+760~K74+565.555			分项工程		水泥稳定碎石基层					施工日期		2007.2.1
分部工程	K68+000~K68+950			桩号、部位		K68+420~K68+760					检测、记录日期		2007.2.2
本项目为　层,平整度最大间隙(h)规定值为≤8mm													
检测桩号		副别											超过规定值点数
起	讫		1	2	3	4	5	6	7	8	9	10	
K68+420	K68+520	右副	3	7	6	4	5	2	3	6	1	7	
K68+520	K68+620	右副	5	4	2	1	3	7	2	6	4	3	
K68+520	K68+760	右副	4	2	1	3	5	6	4	3	2	7	
现场监理 日　期	李国战 2007.2.2	施工负责人 日　期		陈国锋 2007.2.2		质检员 日　期			龚浩良 2007.2.2		施工员 日　期		贾烁 2007.2.2

事实上,采用DT系列摊铺机全厚式全幅摊铺比双机分层摊铺平整度更高,原因如下:

(1)全幅摊铺时避免了双机联铺时的接缝离析,平整度提高。

从以往摊铺可以发现,双机联铺时接缝处离析严重,这个离析带集料多,压实后这个离析带呈凸形,使平整度下降。

(2)全幅摊铺时整幅基层松铺系数一致。

双机联铺时由于两个摊铺机的松铺系数不一致,很难做到两幅高程一致,往往以中缝为界,一边高,一边低,平整度大大降低。

(3)DT系列摊铺机摊铺的混合料均匀。

众所周知,摊铺均匀的混合料压实后平整度高。采用DT系列摊铺机,抗离析效果好,混合料均匀,克服了双机联铺时产生的横向离析、纵向离析、垂直离析、片状离析等。

施工中,用小吨位压路机初压后用3m直尺检查一遍,超高处人工整平,施工结束后用3m直尺再检查一遍,超标处再进行修复性碾压。

3.1.8　控制碾压速度、碾压遍数、碾压工艺

大厚度水泥稳定碎石基层全幅摊铺的关键之关键是控制好碾压环节,由于采用DT系列摊铺机,摊铺质量已趋完善,摊铺环节提高的余地很小,唯有压实环节最难控制,碾压速度、碾

压遍数、碾压工艺是要点,后面详述。

3.1.9　防止表面石子振碎

由于采用超大吨位的振动压路机碾压,如果碾压工艺不当会造成表面石子破碎,但是只需采用激振力由小到大逐渐增加的顺序,配合好振频的变化,摸索出一套科学的碾压工艺,从河南岭南高速公路的施工看,表面石子振碎是完全可以避免的。

双层摊铺时如果碾压工艺不当同样会造成表面石子破碎,尤其采用骨架密实级配,集料含量高,完全没有一个石子不破碎是不可能的,只要将表面石子破坏率控制在一个合理的范围内即可。

3.2　水泥稳定碎石基层全厚全幅施工质量控制

3.2.1　原材料质量控制

参照本书其他章节内容。

3.2.2　配合比

在摊铺机后取样,每4h做一次配合料筛分和水泥剂量滴定,同时根据压实设备配置和施工管理能力适时调整配合比。

3.2.3　底基层验收

底基层验收合格后才能进行基层施工,平整度超标地方(主要是桥头、涵洞通道接头、横向接缝处、施工缝、双机联铺接缝等段)用小型铣刨机处理。

3.2.4　摊铺前的施工准备

1)上料的质量控制

堆料、上料不当容易引起级配变异,所以级配控制要从堆料、上料抓起,这是过去容易忽视的环节。

2)拌和站的质量控制

(1)配料要准确

配料的准确程度严重影响到压实效果,现场水泥稳定碎石混合料的配合比应尽量接近实验室的配合比,如果差异过大,会造成压不实或者压实度超百的现象。

(2)含水率准确且均匀

含水率的准确与均匀将影响到后期的压实度和平整度,大厚度的摊铺施工,混合料的含水率严禁超出最佳含水率,因为大厚度摊铺施工时,由于摊铺厚度较厚,料子内部的水分不易挥发,如果含水率超标,则碾压时会产生推移,影响平整度,严重时还会产生弹簧和起皮现象,且水泥浆上浮,由于该结构水泥浆少,上浮后会造成基层与底基层粘接不牢和出现空隙;含水率太小时,会造成不易压实,易使顶面出现离析松散,石子压碎发白。

(3)混合料拌和均匀

混合料拌和得是否均匀将影响到施工的平整度。如果拌和得不均匀,料子有粗有细,由于粗料与细料的摩擦阻力和压缩比不一样,会影响到摊铺和压实的平整度。

(4)拌和能力的保证

拌和能力的大小直接影响到摊铺的连续性,如拌和能力可满足连续摊铺的需要,则平整度和压实度都好保证;如拌和能力不能满足连续摊铺的需求,则严重影响到平整度,且会因时间过长导致不易压实。

3.2.5 支模

由于采用大吨位压路机,激振力大,易造成模具侧向位移,同时还产生模具上下跳动的现象,要采用双排钢钎固定。

3.2.6 清扫、洒水泥浆

为了保证基层与底基层黏结良好,摊铺前要洒布水泥浆,洒布量约为半幅每5m一袋水泥。

3.2.7 拌和

(1)配料准确

认真调整皮带轮上料速度,并进行喷粉量、喷水量校正,确保将上料误差控制在允许的范围内。

(2)料仓隔离

为避免混仓,相邻料斗要加装适当高度的隔板。同时为保证配合比准确,每个料仓上部要加一个与本档料最大粒径相等筛孔直径的筛网。

(3)加水适量

水泥稳定碎石混合料的含水率控制最为困难,在刚开机和最后停机时最难控制,这时最好能手动控制。

(4)拌和均匀

拌和时间要充足,如果在正常的拌和时间内不能拌和均匀,要检查拌和叶片是否正常。

(5)旁站、滴定和筛分

拌和站前、后场均要有监理旁站,定时进行水泥剂量滴定和混合料筛分,确保施工级配在正常范围内。

3.2.8 运输

由于大厚度全幅摊铺所需的混合料是单层摊铺量的两倍以上,这就要求有充足的运输车,一般情况下后八轮数量应在20台以上。

3.2.9 摊铺

1)高程

由于基层一次成型,没有二次补救的机会,高程和厚度要准确。

2)离析

由于DT系列摊铺机抗离析效果好,只要控制住摊铺前的离析即可,在摊铺环节基本不会产生离析。

3)速度

摊铺速度根据拌和功率和压实能力综合而定,一般摊铺速度控制在1.5～2.5m/min为宜。

4)摊铺方法

(1)摊铺方法采用单机作业,全厚度摊铺,摊铺开始前,调整熨平板下面的垫木,使高度达到松铺层表面高度。垫木厚度调整准确后,将熨平板落在垫木上,再复测熨平板后沿高程是否达到松铺层表面高程。

(2)调整好各个仪器仪表(大厚度水泥稳定碎石摊铺振捣频率应设置到26Hz),使之达到正常摊铺状态,开始输料,使物料输送到熨平板全宽度上,而且料位高度均匀一致。

(3)开始自动摊铺,摊铺1m左右时拉线检测摊铺高度,高度如偏高或偏低应调整自动调平仪,使摊铺厚度减薄或增厚,这种调节应微量微调,直至达到理想的厚度。

(4)为保证摊铺的连续性,摊铺过程中须有3～4车料的储备。卸料车辆在摊铺机前方10～20cm处停车(严禁料车碰撞摊铺机),由摊铺机活动推棍迎上去推动卸料车,一边前进一边卸料,卸料速度应与摊铺速度相协调,卸料时由专人指挥。

(5)摊铺过程中应每10m左右采用"挂线法"检查一次摊铺的混合料的高程,如超过误差范围则应缓慢调整传感器。

(6)在摊铺现场,有施工人员随时处理料的局部不平整(增、减、补料),同时随时检查现场含水率的变化情况,并随时与拌和站和实验室联系。

3.2.10　接缝处理

一般单层摊铺接缝处用方木处理,由于大厚度摊铺的压实层厚度较大(基层成型后厚度30～40cm),为行车方便,施工接缝处要用带斜坡的木块(图2.3.4)。

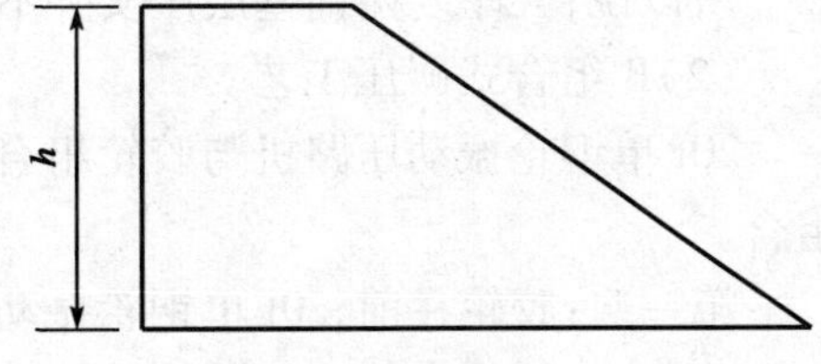

图2.3.4　接缝处理

h-基层厚度

3.2.11　碾压

大厚度水泥稳定碎石基层全幅施工的关键环节是压实,针对前面两种压路机配置,碾压工艺如下。

1)双向四车道高速公路

根据前面压路机的配置(单钢轮振动压路机36t 1台,22t 1台,20t 1台;胶轮1台),碾压工艺有以下两种方式可供选择。

(1)A传统碾压工艺。

第一遍:20t单钢轮振动压路机前进时静压,后退时高频低幅(弱振)。

第二遍:22t进口单钢轮振动压路机高频低幅(弱振)1遍。

第三遍:22t进口单钢轮振动压路机高幅低频(强振)1遍。

第四遍:36t单钢轮振动压路机高幅低频(强振)1遍。

第五遍:36t 单钢轮振动压路机高幅低频(强振)1 遍。

第六遍:36t 单钢轮振动压路机高幅低频(弱振)1 遍。

第七遍:36t 单钢轮振动压路机高幅低频(强振)1 遍。

第八遍:22t 进口单钢轮振动压路机前进时高频低幅(弱振)1 遍。

第九遍:胶轮 1 ~2 遍。

上述碾压工艺适用于厚度 36 ~40cm 的骨架密实结构基层,对于较薄的骨架密实结构基层或悬浮结构基层,可酌情减去第六遍、第七遍。

第八遍是为了消除碾压产生的裂缝和防止表面松散,建议不要取消。

其中第四遍至第七遍是碾压的核心,对于是先进行高幅低频还是先进行高频低幅碾压,或连续两遍高幅低频、高频低幅碾压,应由试验检测压实度后确定,笔者推荐高幅低频、高频低幅两种方法交替碾压,不一定最科学。一般认为先进行高幅低频碾压,最后进行高频低幅,笔者认为大厚度碾压应由弱到强,不应该先强振,如果先强振,会造成平整度差和压实离析。

大家都知道拌和离析和摊铺离析,许多人对压实离析重视不够,如果压实工艺选择不当会产生压实离析,并且后果更严重。因为压实离析不易发现,并且只有在取芯时才发现,发现后往往错误地认为是摊铺离析。那么如何判断压实离析和摊铺离析呢?很简单,先看摊铺时是否有离析,如果摊铺时没有离析,取芯时发现了离析,必是碾压离析;如果摊铺时有离析先控制摊铺离析。一般单层摊铺水泥稳定碎石基层时不会产生碾压离析,但大厚度摊铺水泥稳定碎石基层时,如果不注意会产生压实离析,甚至会很严重。笔者的经验是先压薄(严格上应是均匀压薄),再压密,这就要求先弱振后强振,并且强振也要先小后大,不能一步到位;如果一上来就强振会造成上下离析,因为混合料不是均匀减薄,而是在急剧压缩混合料,原来摊铺很均匀的状态或秩序被打乱,离析在所难免。所以在压薄时要坚持先静压、再弱振、最后强振的顺序。压密主要靠强振(高幅低频),强振的激振力也要由小到大,同样不能一步到位。其实在压实中,压薄和压密是同时进行的,二者是不能割裂的,科学的说法是开始时以压薄为主,慢慢转为以压密为主。

所以说,大厚度摊铺基层压实并不困难,难的是既密实又不离析。

(2)B 组合式碾压工艺。

20t 单钢轮振动压路机与胶轮组合,22t 进口单钢轮振动压路机与 36t 单钢轮振动压路机组合。

第一遍:胶轮在前,20t 单钢轮振动压路机在后静压 1 遍。

第二遍:胶轮在前,20t 单钢轮振动压路机在后弱振(高幅低频)1 遍。

第三遍:22t 单钢轮振动压路机在前弱振(高频低幅),36t 单钢轮振动压路机在后弱振(高频低幅)。

第四遍:22t 单钢轮振动压路机在前弱振(高频低幅),36t 单钢轮振动压路机在后强振(高幅低频)。

第五遍:22t 单钢轮振动压路机在前强振(高幅低频),36t 单钢轮振动压路机在后强振(高幅低频)。

第六遍:22t 单钢轮振动压路机在前弱振(高频低幅),36t 单钢轮振动压路机在后强振(高幅低频)。

第七遍:胶轮 1 ~ 2 遍。

该方案是一个新工艺,碾压的核心是第三遍到第六遍,两台压路机高幅低频和高频低幅的选择应根据试验确定,传统观点认为碾压工艺是先低频再高频,笔者认为高幅、高频交叉组合效率最佳(第三遍到第六遍全部采用小吨位压路机弱振,大吨位压路机强振),仅是一家之言,并没有理论依据,大家可参考借鉴。

上述碾压工艺适用于基层厚度 36 ~ 40cm 的骨架密实结构,对于较薄的基层或悬浮结构基层,可酌情减去第三遍、第六遍,但在胶轮收面前要用小吨位压路机弱振一遍,目的同 A 工艺的第八遍一样,是为了消除碾压产生的裂缝和防止表面松散。

2)双向六车道八车道、高速公路

为了简便,压路机配置简称如下: 单钢轮振动压路机 36t 2 台,22t 1 台,37t 胶轮 1 台。

(1)A 传统碾压工艺。

第一遍:37t 胶轮压路机 1 遍。

第二遍:22t 压路机高频低幅 1 遍(弱振)。

第三遍:22t 压路机高频低幅 1 遍(弱振)。

第四遍:22t 压路机高幅低频 1 遍(强振)。

第五遍:36t 压路机高幅低频 1 遍(强振)。

第六遍:36t 压路机高幅低频 1 遍(强振)。

第七遍:36t 压路机高频低幅 1 遍(弱振)。

第八遍:36t 压路机高幅低频 1 遍(强振)。

第九遍:22t 压路机高频低幅 1 遍(弱振)。

第十遍:胶轮 1 或 2 遍。

第五遍至第八遍是核心,可对高幅或高频的频率进行调整。上述碾压工艺适应于基层厚度 36 ~ 40cm 的骨架密实结构,对于较薄的基层或悬浮结构基层,可酌情减去第二遍、第八遍。

(2)B 组合式碾压工艺。

2 台 36t 压路机组合,1 台 37t 胶轮压路机(在前)与一台 22t 压路机(在后)组合。

第一遍:37t 胶轮压路机、22t 压路机碾压 1 遍,22t 压路机前进时静压,后退时弱振。

第二遍:37t 胶轮压路机,22t 压路机碾压 1 遍,22t 压路机高频低幅(弱振)。

第三遍:36t 压路机,1 台高幅低频(强振),另 1 台高频低幅(弱振)。

第四遍:36t 压路机两台均高幅低频(强振)。

第五遍:36t 压路机,一台高频低幅(弱振)、一台高幅低频(强振)。

第六遍:22t 压路机高频低幅 1 遍(弱振)。

第七遍:胶轮 1 ~ 2 遍。

上面的工艺第三遍至第五遍是核心,可根据不同的混合料选择高频或高幅的组合。上述碾压工艺适用于厚度 36 ~ 40cm 的骨架密实结构基层,对于较薄的基层或悬浮结构基层,可酌情减去第三遍或第五遍。第六遍是为了消除碾压产生的裂缝和防止表面松散,建议不要取消。

3)碾压注意事项

(1)采用 YZ36 自行式振动压路机进行碾压,行走速度 2.5km,每轮重叠 1/2 轮迹的方式碾压 2 遍,碾压中必须保证压路机行驶平稳、匀速,无冲击现象;严禁在工作面上中途停机或停、起振；严禁在工作面上打方向、调整机位；起、停振稳定、及时，做到均匀无漏压。

(2)在碾压中如发现石子破碎或表面泛白，可采用37t胶轮在36t碾压过程中穿插碾压，36t单钢轮每碾压一遍37t胶轮穿插碾压一遍，每次重叠3各轮胎，使表面石子揉倒，防止表面石子跳动松散，根据实际碾压情况及天气情况适当用胶轮洒水对碾压面进行补水。

3.2.12 养生

采用土工布或一布一膜土工布，采用土工布时由于保水效率不好，要勤洒水，但成本低；采用一布一膜土工布时，成本较高，但由于保水较好，可减少洒水次数。

现在有一种新的养生膜，是在很薄的塑料膜表面涂一层保水涂料，基层碾压施工结束后立即覆盖上这种养生膜，然后洒水，保水涂料见水后膨胀黏附在基层表面阻止水分蒸发。该养生膜成本很低，仅为土工布的几分之一，考虑到土工布能循环使用，但土工布的使用次数也是有限的，综合计算该养生膜的成本仍低于土工布。使用这种养生膜仅需要洒一次水，可大大节约洒水费用。

由于水泥稳定碎石基层全厚式施工在我国的应用刚刚起步，在技术上还不十分成熟，尤其是骨架密实结构水泥稳定碎石基层全厚式施工还存在诸多问题，笔者上面介绍的施工技术可能还存在许多不当之处。

3.3 存在的问题及解决措施

骨架密实结构水泥稳定碎石基层全厚式施工在国内尚属首次，由于在试验前没有现成的施工经验，开始时拟定的方案是凭过去的经验提出的，万幸的是试验的结果与当时的推断基本一致。但试验段仍存在如下问题。

(1)松铺系数控制困难

水泥稳定碎石大厚度摊铺时，因为摊铺厚度增加，摊铺机的夯锤力量没有增大，松铺系数要增大，但具体增大多少合适并没有成熟的经验。由于基层一次成型，没有二次补救的机会，高程和厚度要准确。所以在大面积施工前要做好试验段，准确确定松铺系数。

(2)模板固定困难

由于大厚度摊铺时使用32t的超大吨位压路机，激振力达到81t，由此引起的侧向力也很大，非常容易引起模具变形。使用32t压路机开振碾压时，不但会引起模板侧向变形，还造成模板的上下跳动。所以施工时要在模板固定上多想办法，多备几套方案。

(3)压实度检测难度大

压实度是水泥稳定碎石施工时控制工程质量的有效手段，在试验时压实度“合格”，但取芯有缺陷。试验时振压到第五遍时用灌砂法检测压实度已合格，但取芯时部分芯样空隙大，底部有松散，说明压实度检测是有问题的。作者分析是碾压时上部超百、下部压实度不够造成的，因为灌砂法的结果是平均结果，如果上部超百、下部压实度不够，压实度合格是不奇怪的。

所以水泥稳定碎石基层全厚式施工中在没有科学的检测手段时要以过程控制为主，具体说就是要控制碾压遍数。

第 4 章　水泥稳定碎石基层全厚全幅施工技术应用

水泥稳定碎石基层全厚式施工技术从 2002 年起开始进行探索和研究,至今已将近 13 年,这 13 年也是科研主要承担单位陕西中大机械集团发展壮大的历程。中大人秉承了中国人吃苦耐劳、锐意进取、不断创新的精神,立志在机械设备方面改革创新,解决传统水泥稳定碎石基层分层铺筑和双机联铺存在的缺陷。经征得陕西中大集团领导人的认同,笔者将水泥稳定碎石基层大厚度(全厚式)施工技术的发展及应用划分为四个阶段:

第一阶段:探索研究阶段;

第二阶段:推广应用阶段;

第三阶段:骨架密实结构基层应用阶段;

第四阶段:普及应用阶段。

水泥稳定碎石基层全厚式施工机械,经历了上述四个阶段的应用、改进和完善,配套设备发展日趋完善,施工技术日趋成熟,应用范围日趋扩大。

(1)机械设备

第一阶段摊铺机械主要使用第一代 DT1300 摊铺机,最大摊铺宽度 13m,最大摊铺厚度 40cm,主导压路机为 32t 单钢轮振动压路机;第二阶段摊铺机械主要使用 DT1400 摊铺机,最大摊铺厚度 50cm,主导压路机为 32t 单钢轮振动压路机;第三阶段摊铺机械主要使用 DT1600 摊铺机,最大摊铺宽度 16m,最大摊铺厚度 60cm(碾压后可达到 45cm),能满足双向六车道高速公路水泥稳定碎石基层一次摊铺成型,主导压路机为 32t 单钢轮振动压路机。第四阶段摊铺机械主要使用 DT1800 摊铺机,最大摊铺宽度 19.5m,最大摊铺厚度 60cm(碾压后可达到 45cm),能满足双向八车道高速公路水泥稳定碎石基层一次摊铺成型,主导压路机为 36t 单钢轮振动压路机。

(2)施工技术

通过四个阶段的应用,摊铺和碾压技术日趋成熟,设备生产厂家、施工单位均取得了丰富的施工经验,在河南几条高速公路的施工中将这项技术进行了归纳整理、丰富和完善。

(3)应用范围

第一阶段和第二阶段主要用于悬浮结构基层,第三阶段在河南岭南高速公路又将该技术应用到振动成型骨架密实水泥稳定碎石基层上;第四阶段,全国普及应用振动成型骨架密实水泥稳定碎石基层。

4.1　水泥稳定碎石基层大厚度施工技术的探索

水泥稳定碎石基层混合料摊铺和压实由于受现有摊铺和压实设备能力限制,只能并机、分层摊铺和压实。这种摊铺工艺对于整体板块结构的形成造成了制约，使路面结构的抗冲击强度、抗拉伸强度及使用寿命受到影响。为解决此问题，长安大学筑路机械研究所、陕西中大机械集团和云南路桥五公司从 2002 年起就进行了水泥稳定碎石基层大厚度施工的探索和研究，先后在鸡石高速、大宝高速及以后的砚平高速、昆石高速、安楚高速、思小高速不断地进行课题攻关，已取得了良好的效果。

在第一阶段主要进行试验的高速项目有云南鸡石高速公路、云南嵩待高速公路、云南安楚高速公路、云南砚平高速公路、云南思小高速公路等。

4.1.1 云南鸡石高速公路

云南鸡石高速在国内首次进行了水泥稳定碎石基层大厚度施工的尝试，试验段落为第四合同段，施工单位为云南路桥五公司。

由于是第一次使用水泥稳定碎石基层大厚度摊铺技术，第一代 DT1300 摊铺机的摊铺厚度只有 40cm，且对大厚度摊铺的松铺系数没有把握，所以该次试验采用了先用平地机预铺，再用 DT1300 摊铺机铺筑的方法，也就是两次摊铺，一次碾压（图 2.4.1 ~ 图 2.4.4）。经检测，试验段满足水泥稳定碎石基层质量要求。

图 2.4.1 预铺后

图 2.4.2 摊铺

图 2.4.3 碾压前

图 2.4.4 施工现场

4.1.2 云南嵩待、安楚、砚平高速公路

在鸡石高速试验成功后，陕西中大集团又在云南嵩待高速继续进行水泥稳定碎石基层大厚度施工的探索，施工单位为山西路桥一公司，使用 DT1300 摊铺机，铺筑了厚 40cm、宽 11.5m

的试验段。

接着科研小组又在云南安楚高速第2、5、6三个标段使用DT1300摊铺机，进行了水泥稳定碎石基层大厚度摊铺试验段。

科研组与云南路桥五公司再次合作，使用DT1300摊铺机铺筑了水泥稳定碎石基层大厚度施工试验段。

4.1.3　云南思小高速公路

2005年，经过两年左右的试验和探索，水泥稳定碎石基层大厚度施工技术已现雏形，在正式推广前又在云南思小高速第2、4合同段使用DT1300摊铺机，铺筑了厚42cm，宽度分别为11.25m、12.5m的试验段（图2.4.5）。

图2.4.5　云南思小高速水泥稳定碎石基层大厚度施工

4.2　水泥稳定碎石基层全厚全幅施工技术的推广应用

经过两年左右的探索和研究，水泥稳定碎石基层大厚度稳定技术已初具雏形。经过上述几条高速公路不断的试验、总结和完善，水泥稳定碎石基层大厚度施工大面积应用的条件已经具备，陕西中大集团又对DT1300摊铺机进行了改进和完善，推出了第二代DT1400摊铺机，其性能比第一代更完美，摊铺宽度由13m增至14m，摊铺厚度由40cm提高到50cm，基本上满足了水泥稳定碎石基层（设计30～40cm）全厚式施工的要求。在广东粤赣、山西晋侯、江西景婺黄三条高速公路进行了水泥稳定碎石基层全厚式施工的推广应用工作，取得了满意的效果。

4.2.1　山西晋侯高速公路

2005年，山西晋侯高速公路路面LM3标，使用了水泥稳定碎石基层全厚式施工技术，摊铺机为DT1400系列。

4.2.2　广东粤赣高速公路

2005年广东粤赣高速公路27标应用了水泥稳定碎石基层全厚式施工技术（图2.4.6），使用 DT1400 摊铺机,摊铺厚度为 50cm,单幅摊铺宽度 12.5cm。

图 2.4.6　广东粤赣高速公路水泥稳定碎石基层全厚式施工

当前高速公路水泥稳定碎石基层设计厚度一般在 34 ~ 40cm,双向四车道单幅宽度在 12 ~ 13m,施工方法采用双机并行分层进行摊铺,该施工方法存在基层施工周期长、层间结合不好、纵向接缝出现离析带、易造成纵向开裂等缺点。为解决施工中存在的上述问题,陕西中大机械集团经过多年的潜心研究,生产出 DT 系列多功能摊铺机,经在云南、内蒙古等多个项目的使用,该系列摊铺机具有摊铺宽度大(最大可达 14m)、厚度大(松铺 50cm)和很好的抗离析功能。

为了在广东推广使用大宽度大厚度多功能摊铺机,陕西中大机械集团会同广东省粤赣高速公路有限公司和粤赣高速公路路面 27 合同段项目经理部在粤赣高速公路路面第 27 合同段采用 DT1400 型摊铺机进行了摊铺试验。摊铺试验分两阶段进行,先采用大宽度摊铺,证明机械可行后再进行大宽度和大厚度一次性施工试验。从施工现场及相关检测情况来看,DT1400 型摊铺机能进行基层大宽度大厚度摊铺,摊铺出来的水泥稳定碎石混合料均匀无离析、表面平整。

采用 DT140 型摊铺机大宽度大厚度施工水稳层,能很好地解决混合料的离析问题,非常适合大宽度施工。基层大厚度一次施工,可以保证碾压密实,且基层整体性好,可提高其承载能力,同时可达到缩短工期、节约成本的目的。但施工过程中,为了充分显示大厚度施工的优越性,混合料拌和产量必须达到 800 ~ 1000t/h,采用大吨位运输车辆进行运输,以保证摊铺的连续性,提高施工质量。为了保证大厚度施工基层的平整度,现场必须注重大吨压路机的碾压工艺。

4.2.3　江西景婺黄高速公路

2006 年江西景婺黄高速公路,使用 DT1400 摊铺机,成功应用了水泥稳定碎石基层全厚度施工技术,摊铺厚度 530mm,摊铺宽度 12m。

景婺黄(常)高速公路 CP2 标施工单位为核工业华东建设工程集团公司,为了提升景婺黄(常)高速公路路面工程的施工技术水平,提高路面工程的质量,加快工程进度,景婺黄(常)高速公路项目办采取走出去引进来的工作方针,由项目办牵头与 C 段高驻办、CP2 项目部联合组成考察小组,对陕西中大机械集团公司研发的新一代摊铺和碾压机械进行了考察,并对首次采用该技术施工的云南通－建高速、思小高速公路进行了实地考察。依据考察小组的建议，经项目办、C段高驻办同意，结合项目部实际情况，为取得试验数据，积累经验，探索一条新的施工途径，决定采用大厚度、大宽度施工工艺铺筑水泥稳定碎石基层试验路。

CP2项目部于2006年1月8日组织人员、机械进行了基层试验段的施工。试验段桩号K48＋800～K49＋040，长度240m。试验段的铺筑是按照《水稳试验路段施工组织设计》、《公路路面基层施工技术细则》（JTG/T F20—2015）以及有关的技术规范要求进行施工的。在项目办、C段管理部、C段高驻办、CR2驻地办的技术指导下，采用新设备、新工艺成功地完成了大厚度、大宽度基层试验段的施工，达到了预期目标。

4.2.4　大厚度一次性摊铺与并机分层摊铺的分析比较

中大DT系列多功能摊铺机在云南、内蒙古等地进行基层一次性摊铺推广的成果证明，这种工艺提高了工程质量，缩短了工期和降低了成本，是适合中国国情的需要推广的科技成果。现从以下几个方面进行比较。

(1)提高工程质量的比较

①一次性摊铺碾压成形。

基层将形成一个整体的板块结构，只要密实度达到要求（即98%以上），相对于两次分层摊铺来说，其抗拉伸、抗冲击强度可以提高80%以上，可以有效地避免和推迟早期路面的下沉、车辙形凹陷、分裂脱落、坑洞等常见病的产生。对于提高公路路面质量、延长公路寿命有很大的帮助。

②并机分层摊铺的情况。

a.由于是并机摊铺，所以中间的接缝不是很好，造成路面的平整度差，影响路面质量、平整度和美观性。

b.并机摊铺时，造成中间接缝处存在很大程度的离析，接缝处正好是车道处（汽车轮碾过的地方），严重地影响了公路质量。

c.分层摊铺时，下基层和上基层之间的结合不会太好，也不会形成一个整体结构，强度差一些。

d.分层摊铺时，在铺筑上基层时，要在下基层上洒一定量的水，这样会造成上基层的水分含量与设计有一定的偏差。

e.由于是分层铺筑，使用现有的摊铺机大多在摊铺时存在离析问题，影响了工程质量。

(2)缩短工程周期的比较（按铺筑10km的基层来计算）

①大厚度一次性摊铺。

摊铺机设置1.5m/min，理论上每个台班铺筑是600m，根据实际施工情况是每个台班能铺筑400m。铺筑完10km的基层需要25个工作日。

②并机分层摊铺。

分层摊铺10km的基层按单层计算是20km，根据实际经验，每个台班可以铺筑600m，铺筑完20km的单层需要33.3个工作日。

再加上养生期、组织施工，机械人工等，同样的10km的基层一次性大厚度铺筑可以缩短工期10d以上，说明一次性大厚度铺筑可以有效地缩短施工工期。

(3)经济性比较

因为大厚度一次性摊铺和并机分层摊铺后场的各项费用均相同，所以不再考虑其经济比较，主要以前场施工机械及人工作如下比较。

例：粤赣高速公路1km长，基层压实后厚度38cm，宽度大约为12.25m，总共4655m^3。

①并机分层铺筑。

a. 机械费用(表2.4.1)。

机械费用　　表2.4.1

机械名称	台班	单价(元/d)	费用(元)	备注
普通摊铺机	3.57	3000	10710	根据以往实际经验按70m/h计算，铺完1km需要3.57个台班。所有的械费均含燃油费用。 平均摊分为：20367/4655 = 4.38元/m^3
16T压路机	3.57	1235	4409	
18T压路机	3.57	1470	5248	
合计	20367			

b. 人工费用。

施工员1名，测量员2名，质检1人，民工22人。技术人员工资每个工作日按100元计算，民工工资按每个工作日50元计算。

人工费用均摊为：4641/4655 = 1.150元/m^3

c. 洒水及覆盖薄膜养生费用。

增加洒水养生及清扫面积：24500m^2，单价为1.25元/m^2

均摊分：6.58元/m^3

并机分层铺筑费用12.110元/m^3

②大厚度一次性铺筑。

a. 机械费用(表2.4.2)。

机械费用　　表2.4.2

机械名称	台班	单价(元/d)	费用	备注
DT摊铺机	2.08	8000	16640	根据以往实际经验按60m/h计算，铺筑完1km需要2.08个台班。所有的械费均含燃油费用。 均摊为：23858/4655 = 5.12
32T压路机	2.08	2000	4160	
18T压路机	2.08	1470	3052	
合计	23858			

b. 人工费用。

施工员1人，测量员2员，质检1人，配合民工18人。技术人员工资每个工作日100元，民工工资每个工作日50天。

人工费用均摊为:2704/4655 = 0.581 元/m^3

c. 洒水及覆盖薄膜养生费用。

洒水养生及清扫面积:12250m^2,单价为 1.25 元/m^2。

均摊为:3.29/m^3。

大厚度一次性摊铺合计为:8.991 元。

经济性比较:大厚度一次性摊铺与并机分层摊铺在不考虑压路机压实遍数的情况下,每立方米节省 3.119 元。如果大厚度一次摊铺的摊铺科研成果能在广东推广,再考虑到节省的时间成本和提高质量的等方面的情况,大厚度一次摊铺每立方米为投资方和施工方节约大笔资金。

4.3　骨架密实水泥稳定碎石基层全厚全幅施工技术的应用

经过前期的探索和第二阶段在山西、广东、江西诸省的推广应用,水泥稳定碎石基层大厚度施工技术已基本成熟,摊铺机械、压实机械形成了配套。陕西中大公司又推出了 DT 系列第三代 DT1600 摊铺机,该摊铺机最大摊铺宽度 16m,能满足标准双向六车道高速公路基层半幅一次摊铺成型,最大摊铺厚度达到 60cm,压实后可达 33 ~ 40cm,能满足国内水泥稳定碎石基层 30 ~ 40cm 的厚度值。

经过对河南岭南高速公路考察和认真分析,决定在本项目试用水泥稳定碎石基层大厚度施工技术,配合比仍采用分层施工的骨架密实结构配合比。根据配合比设计和新公路设计规范要求,河南岭南高速公路水泥稳定碎石基层为骨架密实结构,而以前的高速项目基层应用全厚式施工技术时大多是悬浮结构或改进的悬浮结构。骨架密实结构与悬浮结构相比施工难度很大,第一,在摊铺方面骨架密实结构基层摊铺时离析要比悬浮结构难以控制;第二,在压实方面,对压实设备的压实能力要求高,由于虚铺厚度较大,平整度控制起来困难,压实工艺有别于传统的分层压实,同时要相应增加压实遍数;第三,在施工管理方面,由骨架密实结构基层全厚式施工难度大、技术要求高,相应对监理单位、施工单位的管理水平要求有所提高。

在项目使用这项技术前,公司对于施工难度大、存在问题多等有足够认识和重视,试验前做了充分的准备。

4.3.1　路面五标

路面五标于 2007 年 2 月 1 日在河南 S 高速公路主线 K68 + 420 ~ K68 + 760(右幅)做了设计厚度 32cm 的水泥稳定碎石基层全厚式施工试验段(图 2.4.7),使用 DT1600 摊铺机。

图 2.4.7　河南岭南高速公路路面五标骨架密实结构水泥稳定碎石基层全厚式施工

施工单位自检取芯结果如下(图 2.4.8):

K68 + 490　　强度:8.7MPa

K68 + 560　　强度:10.0MPa

K68 + 600　　强度:9.3MPa

从取芯照片看,第一个芯样和第二个芯样比较理想,第三个芯样空隙较多,说明压实不足。

在试验前,经与施工单位和中大公司协商,拟定了三个碾压工艺,即分别振动压实 5 遍、6 遍、7 遍,对应的芯样为芯样三、芯样一、芯样二。可以得出结论,骨架密实水泥稳定碎石全厚式施工使用 32t 大吨位压路机至少要压实 6 遍,建议压实 7 遍比较保险。这与河南岭南高速公路使用普通压实机械进行分层施工的压实遍数是一致的,河南岭南高速公路骨架密实水泥稳定碎石基层进行分层施工时使用普通压路机,要求振动碾压不少于 6 遍(图 2.4.8)。

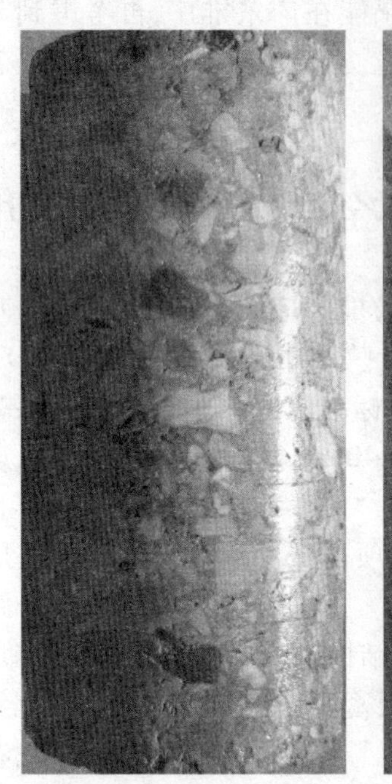
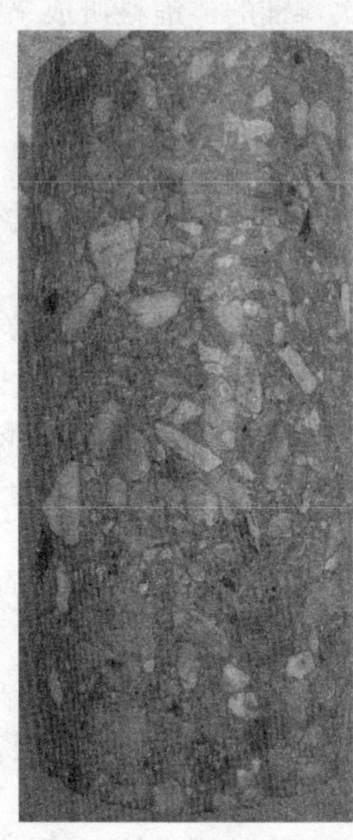
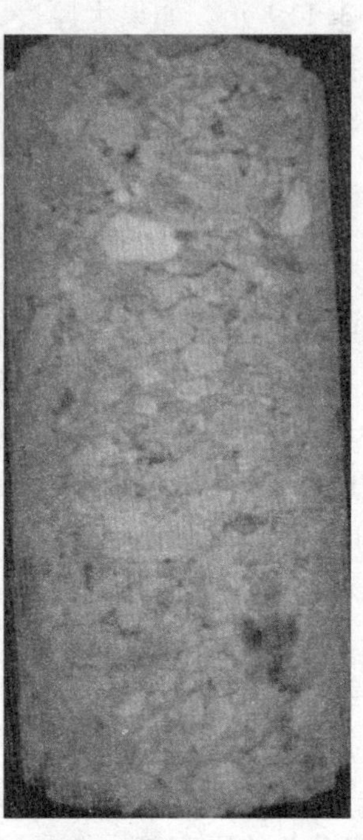

图 2.4.8　河南岭南高速公路路面五标骨架密实结构水泥稳定碎石基层全厚式施工取芯照片

4.3.2　路面六标

路面六标于 2007 年 3 月 21 日在河南岭南高速公路连接线 JK10 + 091 ~ JK10 + 331(右侧)做了设计厚度 32cm 的水泥稳定碎石基层全厚式施工试验段(图 2.4.9),使用 DT1600 摊铺机。

图 2.4.9　河南岭南高速公路路面六标骨架密实结构水泥稳定碎石基层全厚式施工

施工单位自检取芯结果如下(图 2.4.10):

JK10 + 280,强度:9.04MPa;

JK10 + 220,强度:5.8MPa;

JK10 + 190,强度:5.4MPa。

从取芯照片看,第一个芯样和第二个芯样比较理想,第三个芯样空隙较多,说明压实不足。

在试验前,拟定了与路面五标同样的三个碾压工艺,即分别振动压实 5 遍、6 遍、7 遍,对应的芯样为芯样三、芯样一、芯样二。可以得出结论与路面五标同样的结论。

图 2.4.10　河南岭南高速公路路面五标骨架密实结构水泥稳定碎石基层全厚式施工取芯照片

4.3.3　骨架密实水泥稳定碎石基层全厚式施工与分层施工的效果对比

图 2.4.11 为分层施工取芯照片,图 2.4.12 为全厚式施工取芯照片,两个芯样相差无几,说明这两段施工的均匀性都很好。

图 2.4.11　分层施工取芯照片

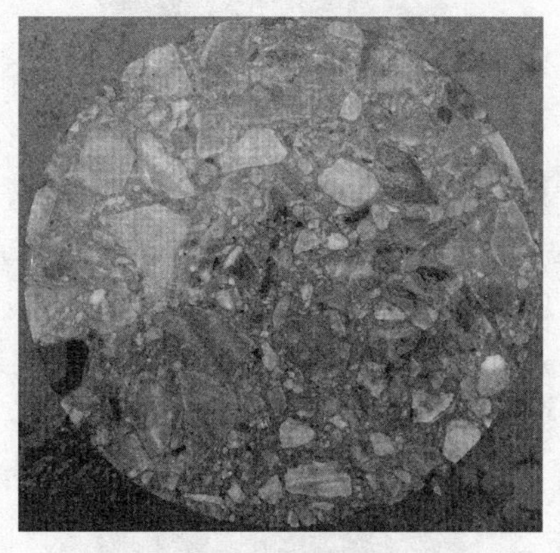

图 2.4.12　全厚式施工取芯照片

图 2.4.13 为分层施工取芯照片,图 2.4.14 为全厚式施工取芯照片,可以明显看出分层施工黏结处有接缝,而全厚式施工整体性很好。

图 2.4.13　分层施工取芯照片

图 2.4.14　全厚式施工取芯照片

图 2.4.15 为全厚式施工取芯照片，图 2.4.16 为分层施工取芯照片，可以明显看出分层施工上、下两层级配变异大，下层级配正常，而上层级配明显偏细；而全厚式施工整体性很好，上下非常均匀。

图 2.4.15　全厚式施工取芯照片

图 2.4.16　分层施工取芯照片

图 2.4.17 为悬浮结构基层全厚式施工，图 2.4.18 为骨架密实结构基层全厚式施工。图 2.4.17几乎看不到大料，图 2.4.18 大料形成了骨架。

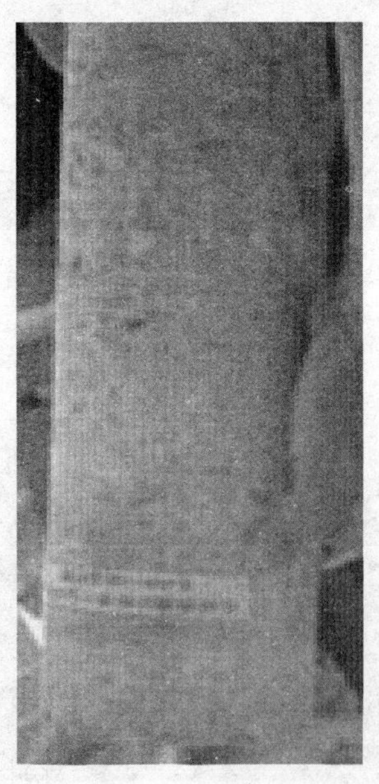

图 2.4.17　悬浮结构基层全厚式施工

图2.4.18　骨架密实结构基层全厚式施工

4.3.4　存在的问题及结论

骨架密实结构水泥稳定碎石基层全厚式施工在国内尚属首次，由于在试验前没有现成的施工经验，开始时拟定的方案是凭过去的经验提出的，万幸的是试验的结果与当时的推断基本一致。但试验段仍存在如下问题。

(1)松铺系数控制困难。

水泥稳定碎石大厚度摊铺时，因为摊铺厚度增加，摊铺机的夯力量没有增大，松铺系数要增大。但具体增大多少合适没有成熟的经验，所以试验时出现了压实厚度偏小。

(2)模板固定困难。

由于大厚度摊铺时使用32t的超大吨位压路机，激振力达到81t，由此引起的侧向力也很大，非常容易引起模具变形。使用32t压路机开振碾压时，不但会引起模板侧向变形，还造成了模板的上下跳动。

(3)压实度检测难度大。

压实度是水泥稳定碎石施工时控制工程质量的有效手段，在试验时出现了压实度"合格"但取芯有缺陷。试验时振压到第五遍时用灌砂法检测压实度已合格，但取芯时部分芯样空隙大，底部有松散，说明压实度检测是有问题的。作者分析是碾压时上部超百、下部压实度不够造成的，因为灌砂法的结果是平均结果，如果上部超百、下部压实度不够，压实度合格是不奇怪的。

所以骨架密实结构水泥稳定碎石基层全厚式施工中，在没有科学的检测手段时要以过程控制为主，具体说就是要控制碾压遍数。

4.4　水泥稳定碎石基层全厚全幅施工技术普及应用

从2008年开始，水泥稳定碎石基层全厚全幅施工技术得到普及应用，这是水泥稳定碎石基层全厚全幅施工技术发展的第四阶段。

第四阶段的技术及应用特点主要体现在如下几个方面。

1)对施工设备进一步改进

(1)开发出DT1800摊铺机。

(2)将压路机吨位由32t提高到36t。

Power YZ36超重吨位超大激振力单钢轮压路机(图2.4.19)，振动轮体特殊结构设计，发动机转速、起停振及行走速度程序自动控制，有效解决了超重吨位、超大激振力与平整度的矛盾，前后驱动自动匹配，振动行走同步控制，平整度好，全面解决大厚度水稳压实中推移、拥包、上部过压、表面松散、下部不实等难题。

图2.4.19　Power YZ36超重吨位超大激振力单钢轮压路机

(3)开发出Power YZC13/17变质量双钢轮振动压路机。

Power YZC13/17 变质量调频调幅双钢轮振动压路机（图 2.4.20），静压、收边、划弧、收光，可有效解决大厚度水稳压实过程中的推移、拥包、边坡溜肩、接头不平整等难题。

（4）开发出 Power YL27/37 变质量轮胎压路机。

Power YL27/37 液压传动变质量轮胎压路机（图 2.4.21），在大厚度水稳压实过程中起到雾化补水、揉搓提浆的作用，确保粒料间镶嵌咬合好，避免表面粒料破碎，使表面紧密不松散。

图 2.4.20　Power YZC13/17 变质量双钢轮振动压路机

图 2.4.21　Power YL27/37 变质量轮胎压路机

（5）开发出边坡振捣装置。

边坡振捣装置（图 2.4.22），可节省钢模板费用，防止边缘溜肩。发明专利技术的边坡振捣装置解决了水稳摊铺的边坡压实难题，免去支钢模板工序，减小劳动强度，降低了施工成本。

图 2.4.22　边坡振捣装置

2）大规模普及项目整体应用

2014 年，大厚度摊铺在河南商登、湖北谷竹、甘肃临合、贵州贵安、甘肃瓜敦、河北京石、贵州六六、河南郑登、吉林京哈、吉林长深、新疆乌乌、北京至乌鲁木齐、内蒙古拉根、内蒙古查扎等 30 条路广泛采用，其中全长 407 公里高原缺氧的西藏林拉高速林芝段和拉萨段 6 个标采用中大整体成型特种高端成套设备摊铺压实，以高质量、高效率、又好、又快、又省的摊铺效果，赢得了业主、监理、用户的高度赞誉。

河南商登高速商丘段水稳压实 36cm 一次摊铺压实；

湖北谷竹高速水稳压实 28cm 一次摊铺压实；

甘肃临合高速水稳压实 34cm 一次摊铺压实；

贵州贵安连接线水稳压实 36cm 一次摊铺压实；

甘肃瓜敦高速水稳压实 38cm 一次摊铺压实；

河北京石高速改扩建压实28cm一次摊铺压实；

贵州六六高速水稳压实35cm一次摊铺压实；

连霍高速洛三段水稳压实37cm一次摊铺压实；

河南郑登快速干道水稳压实32cm一次摊铺压实；

吉林京哈高速长春—四平段压实35cm一次摊铺压实；

吉林长深高速水稳压实34cm一次摊铺压实；

新疆乌乌一级公路压实30cm一次摊铺压实；

北京—乌鲁木齐高速新疆段水稳压实34cm一次摊铺压实；

内蒙古拉根高速水稳压实36cm一次摊铺压实；

内蒙古查扎公路水稳压实35cm一次摊铺压实；

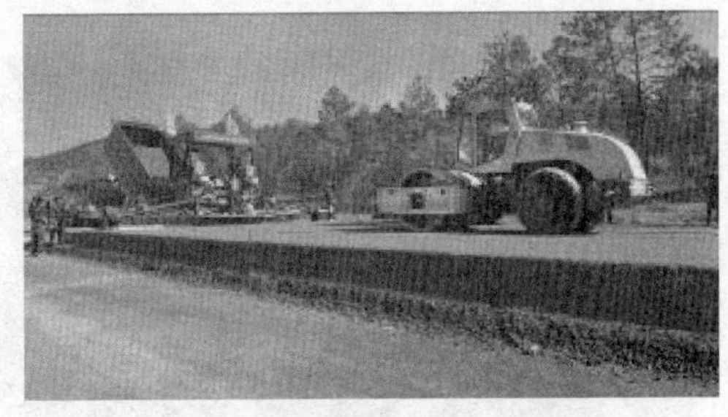

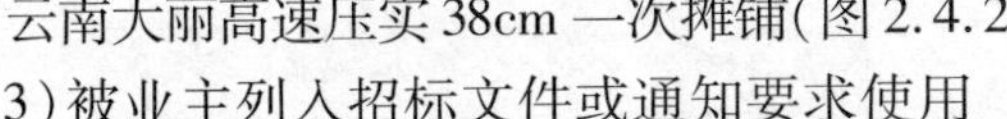

云南大丽高速压实38cm一次摊铺(图2.4.23)等。

图2.4.23　云南大丽高速压实38cm一次摊铺

3)被业主列入招标文件或通知要求使用

(1)河南弘阳高速(图2.4.24)。

文件要求：

所有路面施工单位采用的水稳层和沥青混合料面层摊铺机必须满足："摊铺宽度3～16m，具有抗离析摊铺功能，自然加热系统完好，其他参数不低于DT1600型……"

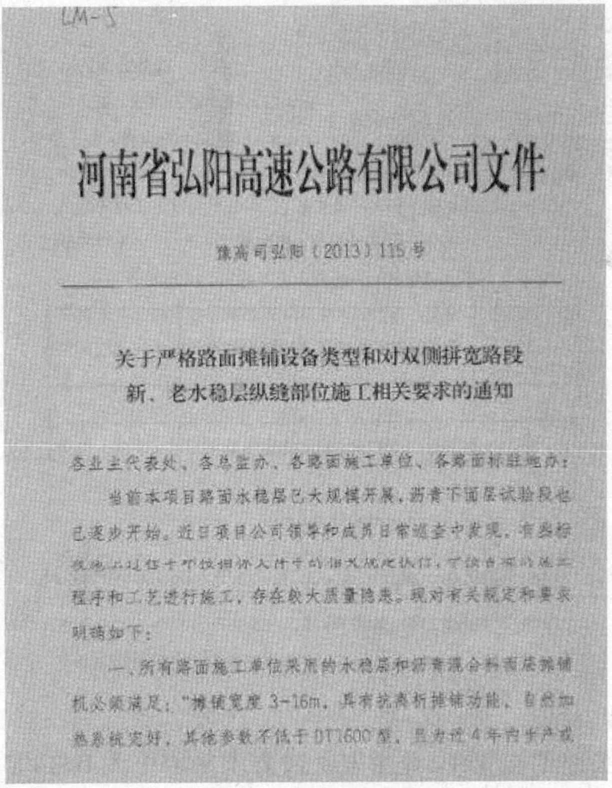

LM-5

河南省弘阳高速公路有限公司文件

豫高司弘阳〔2013〕115号

关于严格路面摊铺设备类型和对双侧拼宽路段
新、老水稳层纵缝部位施工相关要求的通知

各业主代表处、各总监办、各路面施工单位、各路面标驻地办：

当前本项目路面水稳层已大规模开展，沥青下面层试验段也已逐步开始。近日项目公司领导和成员日常巡查中发现，有些标段施工过程中不按招标文件中的相关规定执行，不按合理的施工程序和工艺进行施工，存在较大质量隐患。现对有关规定和要求明确如下：

一、所有路面施工单位采用的水稳层和沥青混合料面层摊铺机必须满足："摊铺宽度3-16m，具有抗离析摊铺功能，自然加热系统完好，其他参数不低于DT1600型，且为近4年内生产或

图2.4.24　河南弘阳高速文件

(2)国道109线东胜到察汗淖公路(图2.4.25、图2.4.26)。

由于在内蒙古察棋高速的施工中全线使用了中大的DT1600摊铺机及32t压路机并取得了极好的摊铺效果,因此业主在国道109线东胜至察汗淖公路的招标文件中明确要求使用中大DT1600摊铺机。

招标文件要求:使用中大摊铺机、压路机,并给出了具体的型号。

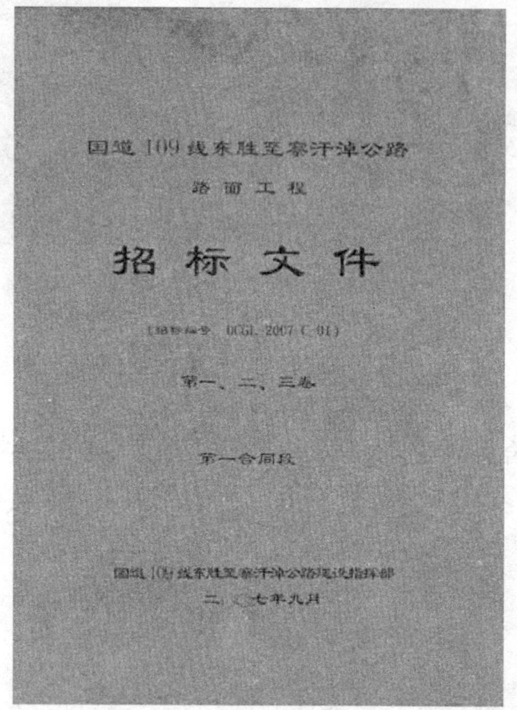

国道109线东胜至察汗淖公路

路面工程

招标文件

(招标编号 DCGL-2007(C-01))

第一、二、三卷

第一合同段

国道109线东胜至察汗淖公路建设指挥部

二〇〇七年九月

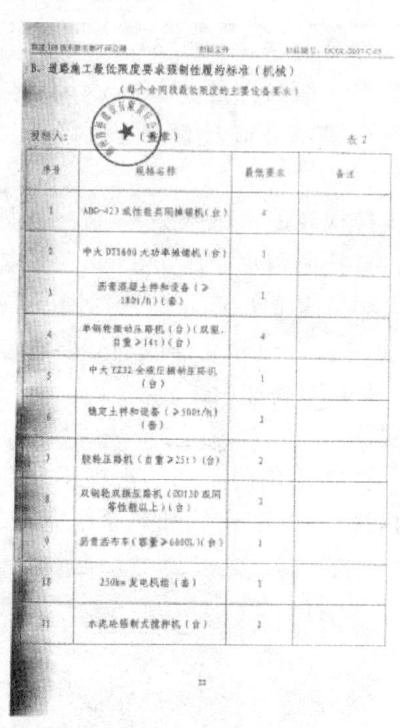

B. 道路施工最低限度要求强制性履约标准(机械)

(每个合同段最低限度的主要设备要求)

投标人:（盖章） 表2

序号	规格名称	最低要求	备注
1	ABG-423或性能类同摊铺机(台)	4	
2	中大DT1600大功率摊铺机(台)	1	
3	沥青混凝土拌和设备(≥180t/h)(套)	1	
4	单钢轮振动压路机(台)(双驱,自重≥14t)(台)	4	
5	中大YZ32全液压振动压路机(台)	1	
6	稳定土拌和设备(≥500t/h)(套)	1	
7	胶轮压路机(自重≥25t)(台)	2	
8	双钢轮双振压路机(DD130或同等性能以上)(台)	2	
9	沥青洒布车(容量≥6000L)(台)	1	
10	250kw发电机组(套)	1	
11	水泥砼强制式搅拌机(台)	2	

22

图2.4.25　招标文件

2	中大DT1600大功率摊铺机(台)	1
5	中大YZ32全液压振动压路机(台)	1

304.04-2(2)增加:底基层施工必须采用中大DT1600摊铺机(租

图2.4.26　招标文件局部放大图

(3)江西武吉高速公路。

在江西武吉高速公路的施工中,业主发文件要求采用中大DT1400或DT1600型摊铺机(图2.4.27、图2.4.28)。

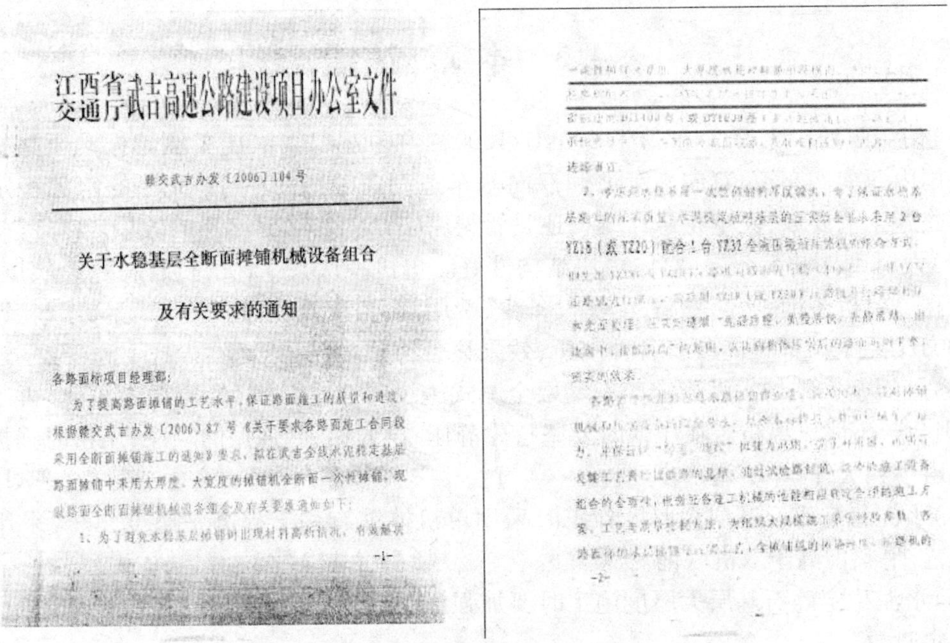

江西省交通厅 武吉高速公路建设项目办公室文件

赣交武吉办发〔2006〕104号

关于水稳基层全断面摊铺机械设备组合及有关要求的通知

各路面标项目经理部：

为了提高路面摊铺的工艺水平，保证路面施工的质量和进度，根据赣交武吉办发〔2006〕87号《关于要求各路面施工合同段采用全断面摊铺施工的通知》要求，拟在武吉全线水泥稳定基层路面摊铺中采用大厚度、大宽度的摊铺机全断面一次性摊铺，现就路面全断面摊铺机械设备组合及有关要求通知如下：

1、为了避免水稳基层摊铺时出现材料离析情况，有效解决

-1-

图 2.4.27　文件通知

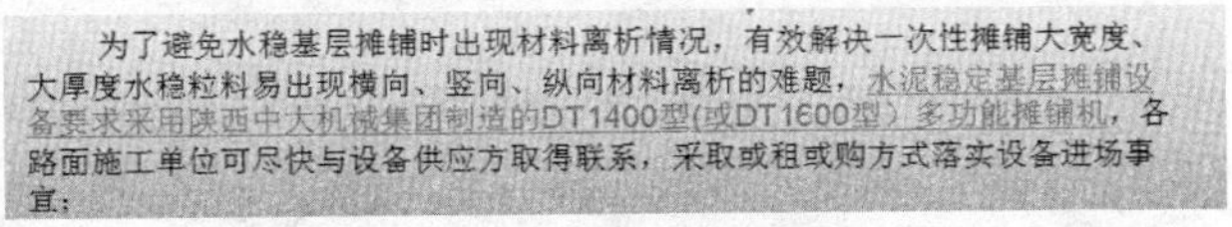

为了避免水稳基层摊铺时出现材料离析情况，有效解决一次性摊铺大宽度、大厚度水稳粒料易出现横向、竖向、纵向材料离析的难题，水泥稳定基层摊铺设备要求采用陕西中大机械集团制造的DT1400型(或DT1600型)多功能摊铺机，各路面施工单位可尽快与设备供应方取得联系，采取或租或购方式落实设备进场事宜；

图 2.4.28　文件通知局部放大图

(4)招标文件摘要(图 2.4.29)。

补遗书(第1号)

确认函

图 2.4.29　招标文件摘要

4.5 本章小结

(1)使用陕西中大 DT1400、DT1600、DT1800 摊铺机和 36t 液压单钢轮振动压路机可以满足目前国内双向四车道、双向六车道和双向八车道高速公路 30 ~ 40cm 厚的水泥稳定碎石基层全厚式施工的要求,无论是悬浮结构还是骨架密实结构均达到满意的效果。

(2)大厚度摊铺无分层,整体板块结构性好。单机一次找平,无过渡搭接,密实度均匀,平整度提高。单机摊铺,生产率高,配套设备少,费用低,经济效益好。

(3)DT 系列摊铺机能改善各种离析,效果显著。

(4)骨架密实结构水泥稳定碎石基层全厚式施工碾压是关键,要遵循先压薄、再压密的原则,否则会产生碾压离析。在压薄时要坚持先静压、再弱振、后强振的顺序;压密时强振的激振力也要由小到大,同样不能一步到位。

(5)水泥稳定碎石基层大厚度施工时采用单机摊铺有利于提高平整度,只要采用正确的碾压工艺,平整度高于双机联铺。

(6)水泥稳定碎石基层大厚度施工时要加强施工过程控制,严格遵守拟定的施工工艺,控制好压实遍数。

第5章　半刚性基层沥青路面摊铺离析研究

基层、面层摊铺的第一难题是离析，无论是双机联铺或是单机摊铺，离析均没有彻底解决，所以研究基层大厚度摊铺首先从研究离析入手。

5.1　摊铺离析概述

5.1.1　离析的危害

混合料离析是造成路基和路面早期损害的质量隐患。混合料离析发生于基层材料时，由于局部材料级配改变，加之碾压不实，空隙率高，使基层结构的整体物理力学性能降低且不均匀，在重荷载作用下变形不均且局部变形增大，路面将因这一变形反射而形成裂纹和破坏(图2.5.1)。同时，大空隙率易发生路基的水损坏而局部下陷。沥青路面材料离析分为集料离析和温度离析。集料离析造成局部级配改变，粗粒料多而中小粒料少时，碾压不实，结合不紧密，空隙率高，重荷载冲击时，大粒料错位，形成路面坑槽；此外，孔隙率大，动水压力击穿面层，可直接导致泛浆，使基层顶面脱空；中小粒料多大粒料少时，会因为缺乏大集料的支撑强度，容易形成车辙(图2.5.2)。

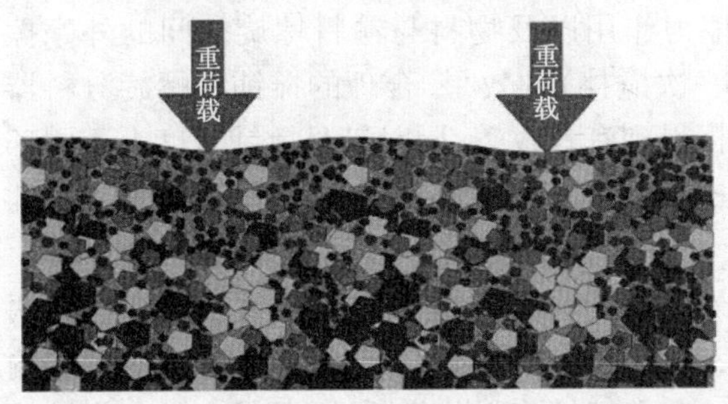

图2.5.1　离析的危害

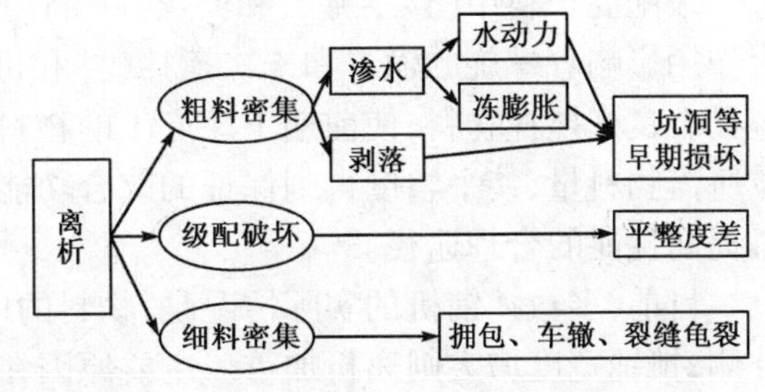

图2.5.2　离析破坏过程

5.1.2　离析的成因

造成集料离析的原因很多，如堆料、上料、原材料、级配、拌和、装卸、运输、摊铺、碾压等，本书主要讨论摊铺的离析与改善措施。

摊铺过程中，级配改变形成的集料离析，使摊铺的沥青路面难以压实、孔隙率高，力学结构改变，造成渗水与强度降低等质量隐患，当重荷载冲击时，粒料移位形成龟裂、脱落、水损害等，产生坑洞、车轮槽等早期病害(图2.5.3)。

图2.5.3　离析破坏

目前,在高等级公路中,对基层和面层混合料的摊铺均采用摊铺机施工,基层的稳定土摊铺机和面层的沥青摊铺机并无原理上的本质差别,只是前者由于摊铺厚度较大,功率配置和生产率较高而已。分析目前的摊铺机原理,对物料的输送和分布通过刮板输送和螺旋分料器两个环节进行。刮板是一种平移式分层输料装置,对物料不会产生新的搅拌混合作用,因而不能改善前几道工序产生的物料物理和温度离析。为此,近几年兴起在摊铺机前加置物料转运车的工艺尝试,通过其保温、加热、搅拌等作用使温度和物理离析得到有效改善。当然,物料转运车另有连续喂料不间断摊铺及防止运料车撞击摊铺机等作用,可以提高生产率和提高摊铺平整度等指标。对摊铺机自身而言,有改善离析和提高摊铺平整度的作用,主要通过螺旋分料器的结构设计以及运动学参数来实现。

级配混合料中(包括基层和面层)中的内摩擦力作用以及物料与输料螺旋之间的外摩擦力作用影响着螺旋的输料和二次搅拌(拌和机为一次搅拌)的效果,合理的摊铺机螺旋分料器应具有良好搅拌物料,使前期工序产生的物料离析得到有效改善,同时满足摊铺宽度上不同部位所需物料量,使平整度得到保证的综合功能。这就是螺旋分料器设计的最终要求,也是摊铺机提高性能的合理途径。

目前,多数摊铺机的实际情况是,物料的内、外摩擦力作用造成大粒料容易被送往螺旋两外侧,摊铺宽度增大则离析加重。主要原因在于,其螺旋工作参数设定存在缺陷,强调物料输料高度位于螺旋中心上方叶片直径三分之二处为宜,由于螺旋料位较低,需要较高的工作转速才能满足输料量(高达100r/min左右,甚至更高)要求,在高速抛撒、快速推移运动中,不同粒径物料再次离析。这种思想的实质是沿用了传统的螺旋设计理论,即螺旋的主要功能是均匀输料和布料,而未能赋予螺旋二次搅拌以改善前期工序产生的物理和温度离析的功能,在对高等级公路路基路面质量要求提高、以适应现代重载大流量运输要求的今天,摊铺机螺旋这一功能甚至更加重要。

5.1.3　抗离析理念

中大DT系列超级摊铺机(功率大,摊幅宽度大,摊铺厚度大)的设计理念就是,通过具有二次搅拌以改善离析与均匀输料和布料综合功能的抗离析、大生产率螺旋装置设计，辅以整机与螺旋驱动大功率配置，兼备基层稳定土与面层沥青摊铺多用途，实现单机大宽幅、大厚度、抗离析一次成型摊铺作业，改善离析，改善双机并幅摊铺与基层上下分层摊铺的工艺规范（除离析外，基层分层摊铺另与压实能力有关），为现代大型摊铺机的技术发展探索一条路线。

5.2　离析形成的原因

混合料离析按外观形式分为条状离析和块状离析，有横向离析、纵向离析、竖向离析、片状离析，有规则离析和不规则离析等（图2.5.4）。产生离析的原因很多，不规则离析往往是施工工艺造成的，而规则离析大多是由摊铺机的性能所决定的。

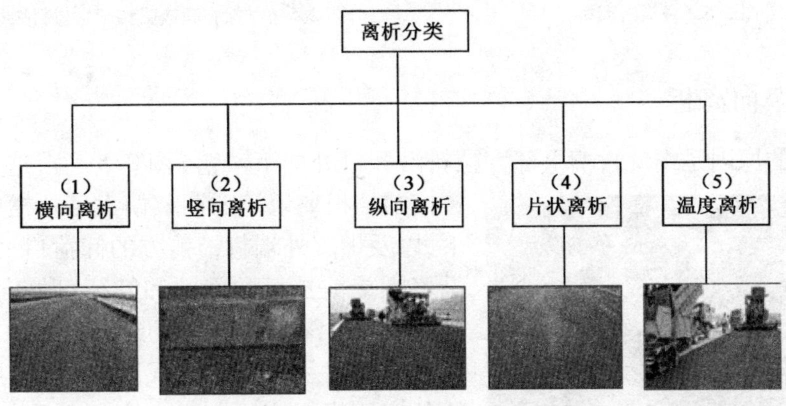

图2.5.4　离析分类

地产材料差异性，材料生产工艺的不稳定性，外购材料质地的批次变化，场地堆料方式的影响等，均会引起粒料的离析现象。其中施工工艺不合理将产生严重的离析，如停机待料、梯形摊铺速度差异、搭接宽度不合理、过快收斗等均属于不合理的工艺。不规则离析通过改进和严格施工工艺可以得到控制和改善，而规则离析则为摊铺机的性能缺陷所致，必须从设备上着手解决。

从近几年路面施工的过程看，摊铺离析目前在路面施工中是最难控制的，拌和楼和摊铺机质量的好坏为路面离析的主要原因。为此，国内外均试图从摊铺机的改进和更新入手，目前国外的改进机型主要有Super2100-C（Vogle）、ingersoll-rand ABG 525，国内也有同类产品，陕西中大公司研制了DT系列大功率摊铺机，这些改性型设备为解决路面摊铺离析和提高平整度提供了可能。

5.2.1　横向离析

横向离析产生的主要原因来自于螺旋布料机构高速旋转时产生的抛扬（图2.5.5），这种离心力的作用造成大粒径物料容易被送往两边，摊铺越宽离析越严重，摊铺越宽，两边的物料粒径越大的状况。

如图 2.5.6 所示,现有摊铺机在宽幅摊铺时集料最多只能埋螺旋叶片三分之二,工作时一般是半埋螺旋,所以只有螺旋高速旋转才能满足大量输料的需求,螺旋高速旋转产生集料抛扬,从而发生离析。

图 2.5.5　横向离析

图 2.5.6　螺旋高速旋转产生集料抛扬发生离析

5.2.2　竖向离析

竖向离析的原因是螺旋料槽上部大粒料沿开口处向下滚落(图 2.5.7),这一现象发生在螺旋前挡板离地间隙调节偏大且料槽中缺料的工况下,以及螺旋外端料槽前方的卸荷口处,由于大粒料沿着螺旋前挡板的间隙和卸荷口处向下滚落,结果造成大粒料滚落于摊铺下层。

图 2.5.7　竖向离析

边去大家对竖向离析重视不够,其实竖向离析的危害比横向离析和纵向离析更重,发生竖向离析时大料在下小料在大使基层底部空隙过大,水从裂缝中进入造成基层破坏。

5.2.3　纵向(并机接缝处)离析

如图 2.5.8、图 2.5.9 所示,并机摊铺接缝处的竖向离析带,贯穿于中缝始终,由于大粒径粒料在两摊铺机的卸荷口连接处自上而下滚落所致。下层粗粒料,上层细粒料,是典型的纵向—竖向离析。

图 2.5.8　并机接缝处

图 2.5.9　纵向离析带

规范要求两机前后梯形作业，搭接不低于300mm，而这300mm的搭接带，两机重复摊铺、振捣、塞料（因熨平板有仰角，前部间隙5mm左右，振捣行程3mm左右），将搭接带塞实过度，与两边的密实均匀度相差很大。搭接带承受了压路机的大部分重量，而搭接带两侧的离析带受力又不足，密实度低。这一压实不足的离析接缝带位于重车道上，成为早期坑洞、车槽的主要原因，是严重的质量隐患。

如图2.5.8、图2.5.10所示，由于二次摊铺使接缝搭接带增厚，造成接缝处路机压实轮悬空碾压受力不够，纵向离析带碾压时空隙率高。

图2.5.10　接缝搭接带增厚

5.2.4　片状离析

基层施工时片状离析十分普遍（图2.5.11、图2.5.12），是由于半埋螺旋叶片或输料槽缺料状况下，运输装卸（图2.5.13）、收斗（图2.5.14）等前道工序形成的离析集料得不到二次搅拌所致。

图2.5.11　摊铺后片状离析

图2.5.12　碾压后片状离析

图2.5.13　运输装卸离析

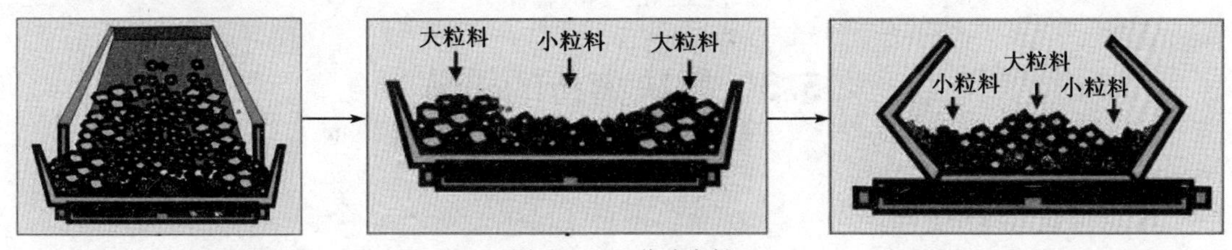

图2.5.14　收斗离析

5.2.5　其他离析

（1）带状离析

带状离析是一种较普遍的现象，通常出现在摊铺机中央或两侧的地方。上、中、下面层均有这种情况出现。产生这种情况的主要原因是摊铺设备或摊铺机操作的问题，如熨平板安装不当、螺旋输送器转速不够、摊铺机卡料等。这些现象可以通过设备的更新与维护、对操作手进行培训来消除。

（2）接缝离析

接缝离析分为纵向接缝和横向接缝两种。纵向接缝离析是由于接缝处混合料或多或少，就会在接缝处产生离析现象。2 台摊铺机的摊铺厚度不同也会引起离析,如果 2 台摊铺机摊铺的厚度不一致,则接缝处厚度小的一侧不容易压实。由于纵向接缝处位于行车道处,轮载作用的次数多,因此应高度重视。横向接缝离析是由于摊铺机起步时、收尾时操作不当或未进入正常造成的。

(3)摊铺机收斗离析

由摊铺机收斗引起的离析,这是因为运料车在卸料时混凝土中的大料滚落到摊铺机料斗的两端,摊铺机再将中间的细料摊铺完后再收斗,将料斗两端的大料摊铺到基层,形成规则的、间隔一致的离析。离析处摊铺机中央区域细料多,比较密实;摊铺机两侧粗料集中,细集料空隙率较大,表面纹理很深。熨平板较宽时,这种现象较明显。

(4)随机离析

在施工中也会发生因设备故障、摊铺机停机、混凝土拌和站生产的混合料波动过大等可能造成的随机离析。

(5)温度离析

温度离析主要是由于两台摊铺机距离太长或等料所致(图 2.5.15)。

图 2.5.15　温度离析

5.3　解决离析的措施

5.3.1　原材料控制

首先要控制原材料的料源,要保证料源:出自固定的堂口;经过反击式破碎加工的;同目标配合比取样料源一致。料源的确定主要是考察其加工方式和产量,确定料源之后再取样做配合比试验。

对原材料的取用制定科学的工艺,尤其是粗集料的取用应保证粗细均匀,生产过程中不允许装载机贴地装料、上料。

5.3.2　混合料拌和过程控制

严格控制沥青混合料的矿料级配。一般情况下,在混合料拌和生产过程中,必须使级配在规定的级配范围内。这一过程也应在生产配合比设计阶段反复验证,得到最终确定后,在生产过程中不得随意变动。在级配曲线中,对混合料均匀性影响较大的是大料含量。

5.3.3　避免沥青混合料在装料和运输过程中产生离析

从成品料仓向卡车卸料时,不允许卡车一边移动一边卸料而应成堆卸料,否则将引起严重离析,也不允许卡车司机为达到额定容量而在料堆上加盖小量的混合料。

从成品仓卸料时,卸料门应迅速开大,不允许混合料慢慢流出,以免造成离析;运输车料斗离料仓出口间距不要太大。

在向卡车卸料时不允许向车槽的中央卸料(图2.5.16),应向车槽前部卸料再向尾部卸料,然后再在中央卸料(图2.5.17)。

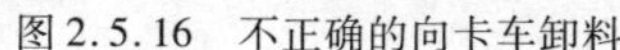
图2.5.16　不正确的向卡车卸料

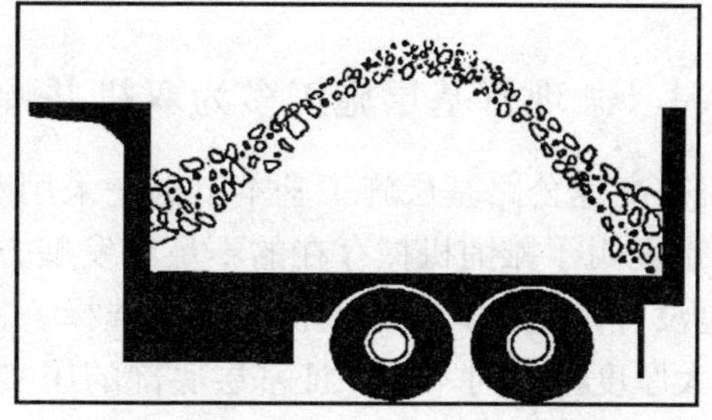
图2.5.17　正确的向卡车卸料

5.3.4　现场摊铺工艺的优化组合

摊铺速度的确定:连续、稳定的摊铺速度是保证基层平整均匀的关键,同时也是减少离析现象的一个有效措施。摊铺速度要结合拌和机的生产能力、运输能力、运输距离和碾压能力进行综合考虑。经过生产配合比验证阶段验证后确定,一般情况下以2.5m/min较为适宜。

由于拢料过程中,原先聚集在料斗两翼的粗料相对集中后,再加上下车料刚开始卸料时粗料流向接料斗底部,因此,这段时间内的摊铺面容易出现块状离析。

摊铺机的工作状态直接影响到铺面的外观效果,因此,将摊铺机调整至最佳状态是避免和减少铺面离析的关键:

(1)要调试好摊铺机的料位,对于最大粒径较大的混合料,摊铺机料位应适当提高,这一位置的确定需要反复比较。

(2)为保证送料均衡,摊铺机料门开度、链板送料器的速度和螺旋布料器的转速一定要协调,寻找到其中的最佳结合处。

(3)螺旋布料器里的料量,最起码要高于布料器的中心位置,一般要达到螺旋布料器的2/3高度,也有专家提出更高的高度要求,即布料器在正常工作时,以“若隐若现”为宜,这个要根据现场铺面效果,结合实际予以确定。

(4)螺旋布料器里的料面高度应在同一平面上,与铺面横坡保持一致,使熨平板的挡料板前混合料均匀分布,尽可能地避免离析现象的产生。

摊铺机熨平板的振幅、振频调整影响到铺面初始压实和铺层的粗、细料分布情况:熨平板的激振强度大会将细料振到铺层下部,表面则显得粗料较多。反之,则铺层表面细料较多,因为熨平板由多块拼合而成,每块熨平板由于夯锤新旧程度和磨损情况不同,整个铺面容易呈现出条带状离析，因此，现场要结合原材料本身材质和铺面完成后的外观情况予以综合性的考虑而确定。

5.3.5 摊铺机改进

上述方法都不能解决摊铺机离析问题，要彻底根除离析问题必须在摊铺环节解决，这就需要对摊铺机加以改进。

欲对摊铺机抗离析性能进行改进，必须先了解目前的摊铺工艺现状与问题。

5.4 摊铺工艺现状与问题

5.4.1 现行基层施工多为双机并幅分层摊铺

目前高速公路基层施工基本上都是采用双机联铺，这是基于摊铺机的普遍水平而采用的（同时也说明了摊铺机械存在的不足和发展方向）。第一是担心全幅摊铺无法解决离析问题，第二是没有可全厚式摊铺的机械可供选择。目前，大部分压实设备的影响激振力小，影响深度有限，大厚度铺筑时不能保证基层底部的压实度。

5.4.2 传统摊铺机及前期宽幅摊铺机的缺陷

欧美、日本等发达国家在建设高速公路时并未使用宽幅摊铺机，其原因在于，当时生产的摊铺机受综合机械、控制等技术水平的限制，基本上均为小型（小于3.6m）、中型（4～6m）和大型（7～9m）机型，不具备全幅摊铺的能力，而改进型的宽幅摊铺机，也只是将传统大型（7～9m）摊铺机螺旋和熨平板接长为12m，整机参数不变，因此也不具备完成全幅摊铺的能力。另一方面，由于发达国家的高速公路已建设结束，对摊铺机的研究主要是为满足别国的要求，没有机会自己实践对比双机联铺和全幅摊铺的优劣。

目前，市场上供应的进口摊铺机大多是为适应我国旧规范要求全幅摊铺而生产的，仅仅是加长了螺旋输料器和熨平板，在其他方面并未做过多的优化，这样的改进型宽幅摊铺机并不能满足我国的初衷目的。

改进型的宽幅摊铺机在摊铺时，由于功率不足，只能将螺旋位置提高，物料半埋螺旋以节省功率（螺旋消耗整机功率50%以上），半埋螺旋引起的输料能力下降只有靠提高螺旋转速来补偿，其结果是因高速旋转而降低螺旋的二次搅拌作用，特别是通断工作时急加、减速抛扬物料产生上下层离析和宽度方向上的离析，深为人们所诟病；同样，由于功率的原因，加大宽度，振捣功率不足，只能用小振幅工作而影响预压实度。

5.4.3 双机并幅摊铺的缺陷

新沥青路面施工技术规范关于并幅摊铺接缝无离析带，而宽幅摊铺有多条纵向离析带的说法有待商榷，实际情况并非如此。从摊铺机的结构分析看，如果说宽幅摊铺由于螺旋设计参数不妥导致两外侧产生大粒料“窝”尚属分析准确的话，那么在两螺旋正中结合部以及各螺旋中间部位形成数条纵向离析带则与是否宽幅摊铺毫无关系，这几条离析带产生于螺旋链箱处和左右螺旋各自的支撑处，依靠安装反向螺旋叶片可以消除，否则双机摊铺比单机摊铺会多出一倍的纵向离析带。

并机摊铺存在的主要问题是:两机接缝处存在着高度方向上的物料离析问题,当摊铺含有大粒料的稳定材料或沥青下面层时尤为严重。产生这一现象的主要原因是摊铺机存在原理上的固有缺陷。螺旋外端的螺旋槽与前挡料板处有一卸荷(料)口,该卸荷口释放因物料布满螺旋槽外端时产生的工作阻力,物料在卸荷口处存在着自由滚落现象,大粒料因相对密度等因素落于摊铺层下方,形成两机接缝处的纵向离析带和高度方向上的离析(图 2.5.18)。这一现象会随着机器螺旋参数的优化设计而有所改善,但不能根除,而这一离析带往往处于道路中部的行车道上,是产生道路早期损害的要因之一。

图 2.5.18　两机接缝处物料在卸荷口处存在着自由滚落现象

5.5　摊铺机械控制离析原理研究

近年来,我国的沥青路面及路面基层结构设计和施工控制技术水平取得了一定的进步,从上面的分析可知,研究领域过多地局限于结构和材料范畴,对机械改进和施工工艺的研究重视不够,尤其是仍停留于依靠经验和引进设备的阶段。根据多年来对施工过程和建设路段路况变化的观测,当前路面在使用过程中频频出现质量问题,与施工工艺及其控制技术是否科学合理有密切关系,归根到底是施工机械和施工工序的优化问题,其中摊铺机械的性能是关键问题。

本课题针对大型摊铺机(7～9m)升级为超大型摊铺机(12m)宽幅摊铺带来的离析问题,在摊铺机性能方面进行了改进研究工作(图 2.5.19)。

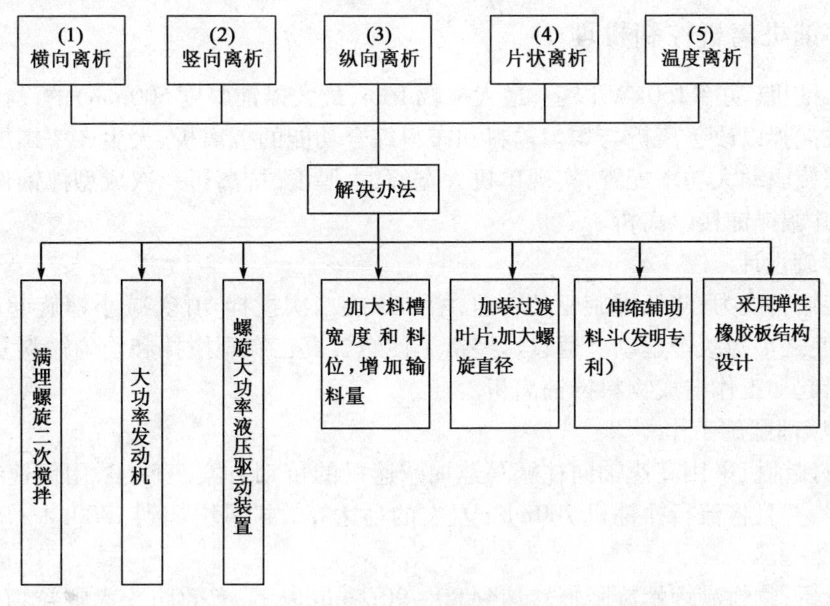

图 2.5.19　离析解决措施

(1)增大整机动力,匹配全幅摊铺作业需要的最佳功率。

(2)解决全幅摊铺中间部位填料相对于临近部位空虚问题,减少中缝位置早期破坏或纵向离析现象。

(3)使物料均匀整体传输,保证面层的均匀摊铺,压实均匀,强度均匀。

(4)使物料封闭性传输,横向传输过程不散落,保证竖向均匀,防止竖向离析和端部离析。

(5)简便易行的离析控制指标检测技术。

5.5.1 常规摊铺机械的缺陷

目前的摊铺机原理,对物料的输送和分布通过刮板输送和螺旋分料器两个环节组成,刮板是一种平移式分层输料装置,对物料不会产生新的搅拌混合作用,因而对前几道工序产生的物料物理和温度离析不能改善。对摊铺机自身而言,改善离析和提高摊铺平整度的作用,主要通过螺旋分料器的结构设计以及运动学参数来实现。

级配混合料中(包括基础和面层)的内摩擦力作用以及物料与输料螺旋之间的外摩擦力作用影响着螺旋的输料和二次搅拌(拌和机为一次搅拌)的效果,合理的摊铺机螺旋分料器应具有良好搅拌物料的功能,使前期工序产生的物料离析得到有效改善,同时满足摊铺宽度上不同部位所需物料量,使平整度得到保证的综合功能。

目前,多数小功率摊铺机的实际情况是:物料的内、外摩擦力作用造成大粒料容易被送往螺旋两外侧,摊铺宽度增大则离析加重。主要原因在于,其螺旋工作参数设定存在缺陷,强调物料输料高度位于螺旋中心上方叶片直径三分之二处为宜,由于螺旋料位较低,需要较高的工作转速才能满足输料量(高达100r/min左右,甚至更高)要求,在调整抛撒、快速推移运动中,不同粒径物料再次离析。这种思想的实质是沿用了传统的螺旋设计理论,即螺旋的主要功能是均匀输料和布料,而未能赋予螺旋二次搅拌以改善前期工序产生的物理和温度离析的功能。

5.5.2 铺机离析控制机理

大功率摊铺机(功率160kW以上,最大摊幅16m,最大摊铺厚度600mm)的设计理论就是,通过具有二次搅拌以改善离析与均匀输料和布料综合功能的抗离析、大生产率螺旋装置设计,辅以整机与螺旋驱动大功率配置,实现单机大宽幅、大厚度、抗离析一次成型摊铺作业,改善离析,改善双机并幅摊铺接缝离析。

1)改进螺旋设计

增大螺旋输料能力,降低螺旋驱动转速,增加螺旋二次搅拌功能,减小螺旋起动工作的冲击和加速度,使之平稳缓慢起动。通过这些措施使螺旋真正实现搅拌和均匀输料复合功能,并避免频繁间断起动工作造成物料摊铺离析。

(1)物料满埋螺旋工作

改变流行摊铺机采用高速轴向柱塞马达加减速机的传动方案,直接采用低速径向柱塞大扭矩马达驱动,并且将流行摊铺机700ml/r左右的马达等效排量增加到1300ml/r,转矩和功率增加了一倍。

改进设计后,物料满埋螺旋降低转速到80~90r/min以下,有效防止大颗粒物料随输送距离增大而运动加剧的横向离析,同时由于螺旋埋于物料底部而增加二次搅拌效果,改善前期工序产生的温度与物理离析。

低速大扭矩马达除可满足物料满埋螺旋需要更大驱动转矩的要求外，还具有起动效率高、带载起动能力强、起动平稳的优点，可以避免高速马达加减速机由于起动效率低，在频繁间断工况下产生的冲击起动现象，减小了物料的冲击推扬离析。物料满埋螺旋，增大了输料量并增加了螺旋驱动能力，还为大厚度一次成型摊铺基础材料提供了可能性。

(2)变径螺旋设计

摊铺机的螺旋分料器是一种半开放式的结构，与通常的封闭式螺旋输料器将物料全部输送情况不同的是，它在分输料过程中一边卸料一边输料，最终将物料均匀地布送于熨平板的整个幅宽上。因此，不同位置的螺旋应有不同的输料能力，这要求螺旋分料器应有适应这一性能要求的不同升角或直径。变升角设计有制造困难、互换性差且搅拌不均的缺陷，采用变径螺旋设计，螺旋自内向外直径逐渐减小，整体断面包络线呈梯形，考虑到制造的方便，可以近似为几种间断的直径结构。这样在分料工作中，可以达到全部螺旋满埋物料工作且搅拌强度一致的效果，除了有效防止横向离析外，还可保证不同宽度位置上摊铺物料的密实度一致，平整度一致。

2)增加整机功率匹配

摊铺机在摊铺作业中，主要的功率消耗于螺旋驱动，特别当物料满埋螺旋、大宽度摊铺基础材料时，物料摩擦阻力矩增加，驱动螺旋会消耗整机功率的50%～60%，加之刮板、熨平板由于宽度增加而相应增加功率消耗。发动机功率要裕量配置，避免发动机因各种超载产生掉速现象，这种超载频繁地发生于螺旋起动、刮板发卡、料车倒撞等工况中，是摊铺机的特有工况。

发动机掉速会影响摊铺机的正常工作秩序，是产生离析、影响平整度的不良因素，也是流行摊铺机的通病。电喷柴油机符合严格的污染排放和噪声标准，也具有良好的动力性能和控制特性，易于实现整机自动化。

将摊铺机的发动机功率设计为306kW，为目前市场上大型摊铺机中功率最大的。

5.5.3　离析控制

(1)防治竖向离析

竖向离析指摊铺横向断面上，下部大料料多而上部大粒料少的上下离析现象。竖向离析的原因是螺旋料槽上部大粒料沿开口处向下滚落，这一现象发生在螺旋前挡板离地间隙调节偏大且料槽中缺料的工况下，以及螺旋外端料槽前方的卸荷口处，由于大粒料沿着螺旋前挡板的间隙和卸荷口处向下滚落，结果造成大粒料沉落于摊铺下层。大功率摊铺机采用物料满埋螺旋设计，避免了料槽因缺料在螺旋与前挡板之间产生的粒料滚落斜坡；在前挡板下方加装了上下高度可调的前导板，根据摊铺厚度和材料不同适当调节离地间隙，同时前导板下部采用弹性橡胶板结构，可以将离地间隙调为最小且利用弹性板的外张效果减小螺旋的输料阻力；对螺旋外端处的卸荷口，同样采用弹性橡胶板的悬臂式结构，既防止大粒料向下滚落，又起到防止螺旋卡死而卸荷的作用，也避免了因螺旋卸料不畅顶起熨平板而影响平整度的现象。

(2)防治纵向离析

纵向离析指摊铺层上出现的沿行车方向的条形离析带，主要产生于左右螺旋的中缝处，各自螺旋的过渡支撑处和双机并幅摊铺的接缝处。采用单机大宽幅摊铺,不存在双机并机产生的 300~600mm 的接缝。

由于螺旋驱动链轮箱的空间干涉,使左右螺旋在中缝处断开一定距离,这一断裂处的物料得不到螺旋强制挤压和搅拌,而仅依靠物料的自然流动来充填,摊铺后密实度很低且级配不匀,形成一明显的条形离析带。

在该断开处的左右螺旋上各加装一组角度可调的反向螺旋叶片,根据摊铺厚度和材料的变化来调节叶片数量和角度,使中缝处物料充填密实且均匀。

(3)防止片状离析

片状离析是半埋螺旋叶片或输料槽缺料状况下,运输装卸、收斗等前道工序形成的离析集料得不到二次搅拌所致。

增大摊铺机料斗,可减少收斗造成大粒径物料集中产生的局部片状离析。

5.6 DT 系列摊铺机改进方法和效果

路面基层摊铺机是一种典型的路面施工机械,其整机的综合性能指标表现在作业质量、生产率和燃料经济性几个方面,其中作业质量为优先指标。作业质量包括摊铺平整度(碾压后平整度)和混合料均匀性(不离析)。为了解决前些年使用传统的中等功率(指 160kW 以下)摊铺机大宽幅摊铺沥青路面和稳定基层所引起的混合料离析,公路施工规范规定了双机并幅摊铺的工艺要求;又由于摊铺机功率不足以及碾压设备能力限制,规定了稳定基层分层摊铺的工艺要求。近年来的施工实践证明,这一工艺规范在解决老问题的同时产生了一些新问题,如双机并幅中缝离析,生产率和平整度降低,分层摊铺路基板块整体结构性差,施工麻烦等。

纵观国内外近年来摊铺机的新技术发展趋势,可以看到正朝着改善传统机器结构、提高功率配置和自动控制程度这一方向发展,其目的在于全面提高摊铺机的综合性能指标。

DT 系列摊铺机正是根据生产实践需要,关注国内外新一代大功率摊铺机的技术发展方向,自主开发的一款机器。几年来挑剔的使用考察,证明了其性能的优良、质量的可靠,加之研制了 32 吨级用于大厚度基层压实的自行式振动压路机同步配套,抗离析单机宽幅大厚度摊铺基层与面层的工艺真正得以实现。

DT 系列摊铺机主要防治离析的措施如下。

5.6.1 防治横向离析

DT 系列摊铺机改变流行摊铺机采用高速轴向柱塞马达加减速机的传动方案,直接采用低速径向柱塞大扭矩马达驱动,并且将流行摊铺机 700ml/r 左右的马达等效排量增加到 1300ml/r ,转矩和功率增加了一倍。物料满埋螺旋降低转速到 80~90r/min 以下,有效防止大颗粒物料随输送距离增大而运动加剧的横向离析,同时由于螺旋埋于物料底部而增加二次搅拌效果,用于面层时可改善前期工序产生的温度与物理离析。

1)满埋螺旋低速输料

加大螺旋直径,由 360mm 增大到 480mm。

加宽输料槽宽度，其他机型由510mm增大到670mm。

加高输料槽高度，其他机型由350～420mm增大到650mm。

加大输料量，降低螺旋转数，满埋螺旋低速输料。加大螺旋直径（有大到小梯阶排例）、加大输料槽宽度（67cm）、加大输料槽高度（增加输料厚度），满埋螺旋大量输料，降低了螺旋布料转速，避免螺旋高速旋转抛扬造成的横向离析。满埋螺旋输料，实现了集料的二次搅拌，有效地改善了前道工序（装卸、收斗等）形成的集料离析。用于面层时可减少温度离析。

2）改高速马达加减速机方案为用低速大扭矩径向柱塞液压马达

（1）高速

如图2.5.20所示，现有摊铺机由于功率低，最多只能埋螺旋叶片三分之二，工作时一般是半埋螺旋。只有螺旋高速旋转才能满足大量输料的需求。而螺旋高速旋转时产生的抛扬，这种离心力的作用造成大粒径物料容易被送往两边，产生严重横向离析。

（2）低速

如图2.5.21所示，降低了螺旋布料转速，避免螺旋高速旋转抛扬造成的横向离析。满埋螺旋输料，实现了集料的二次搅拌，有效地改善了前道工序（装卸、收斗等）形成的集料离析。用于面层时，可减少温度离析。

图2.5.20　其他摊铺机　高速马达＋减速机
排量：649.6ml/r和820ml/r

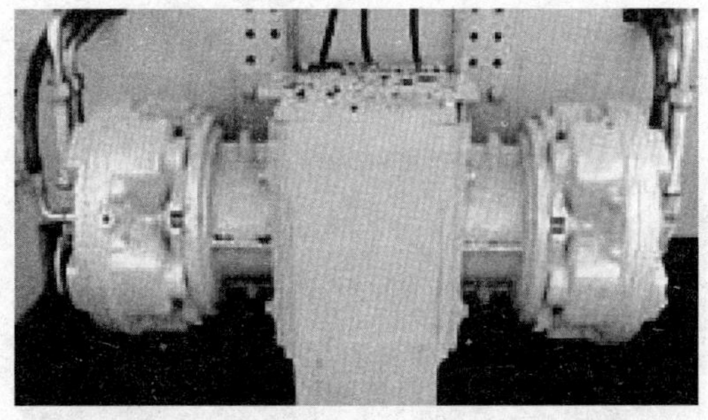

图2.5.21　DT1400型摊铺机　低速大扭矩液压马达
排量：1300ml/r

3）物料满埋螺旋工作（图2.5.22）

物料满埋螺旋工作是增大输料能力，降低螺旋转速，增加二次搅拌作用，避免横向离析的关键，也是一种新理念。提高刮板和螺旋料位传感器料位控制点（图2.5.23），是实现这一理念的外部形式，其内在实质是：需加大螺旋的驱动转矩，并改变驱动方案。

图2.5.22　物料满埋螺旋工作

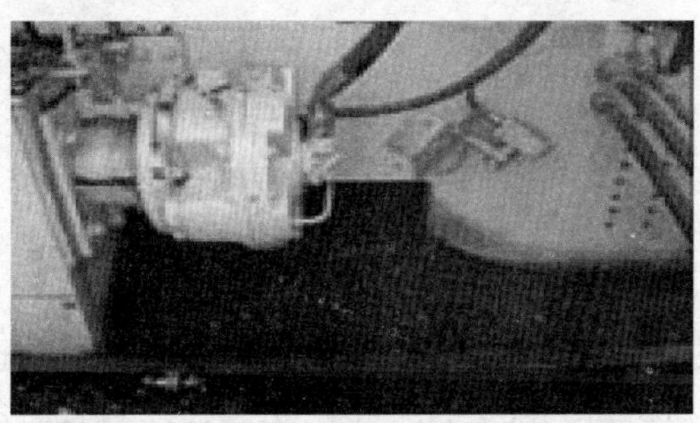

图2.5.23　提高刮板和螺旋料位传感器料位控制点

4)增加整机功率匹配

摊铺机在摊铺作业中,主要的功率消耗于螺旋驱动,特别是当物料满埋螺旋、大宽度摊铺基础材料时,物料摩擦阻力矩增加,驱动螺旋会消耗整机功率50%~60%,加之刮板、熨平板由于宽度增加,会相应增加功率消耗。因此,DT系列配置了原装进口依维柯共轨电喷供油,电子调速大功率发动机,功率裕量配置,避免发动机因各种超载产生掉速现象,这种超载频繁地发生于螺旋起动、刮板发卡、料车倒撞等工况中,是摊铺机的特有工况。发动机掉速会影响摊铺机的正常工作秩序,是产生离析、影响平整度的不良因素,也是流行摊铺机的通病。电喷柴油机符合严格的污染排放和噪声标准,也具有良好的动力性能和控制特性,易于实现整机自动化。

5.6.2 防治竖向离析

DT系列摊铺机采用物料满埋螺旋设计,避免了料槽因缺料在螺旋与前挡板之间产生的粒料滚落斜坡;在前挡板下方加装了上下高度可调的前导板,根据摊铺厚度和材料不同适当调节离地间隙,同时前导板下部采用弹性橡胶板结构(图2.5.24),可以将离地间隙调为最小且利用弹性板的外张效果减小螺旋的输料阻力。

对螺旋外端处的卸荷口,采用弹性橡胶板的悬臂式结构(图2.5.25),既防止大粒料向下滚落,又起到防止螺旋卡死而卸荷的作用,也避免了因螺旋卸料不畅顶起熨平板而影响平整度的现象。

图2.5.24　前导板下部采用弹性橡胶板

图2.5.25　螺旋外端处的卸荷口采用弹性橡胶板的悬臂式结构

5.6.3 防治纵向离析

单机摊铺的纵向离析主要产生于左右螺旋的中缝处,DT系列摊铺机在链轮箱左右(中缝处)根据需要在该处各加装一组角度可调的反向螺旋叶片(图2.5.26),根据摊铺厚度和材料的变化来调节反向叶片数量和角度,使大小粒料能均匀向螺旋链轮箱下方填充,保持摊铺层中缝处混合料均匀、充足、密实,以避免纵向带状离析。

螺旋支撑处的离析带,主要由于支撑处螺旋输料不畅,破坏了物料沿螺旋在宽度方向上输送的均匀连续性,影响了该处的密实度和级配所致。减少螺旋支撑(螺旋吊挂)横截面尺寸(图2.5.27),加装过渡叶片(图2.5.28),加宽料槽(图2.5.29),以减少集料在螺旋输送过程中形成的阻滞、堆尖及填塞不实的现象。

图2.5.26　反向螺旋叶片

图2.5.27　减少螺旋支撑横截面尺寸

图2.5.28　加装过渡叶片

图2.5.29　加大螺旋料槽

加大了螺旋料槽前后方向的宽度,减小了支撑处的结构尺寸,并使支撑结构呈圆弧过渡面,在支撑处的螺旋上加装了圆周角100°以上的过渡叶片,有效解决了物料在支撑处的阻滞状况(图2.5.28)。

加大料槽前后尺寸,增加了料槽中物料的搅拌体积和空间,也是提高二次搅拌作用、改善温度和横向离析的措施。物料满埋螺旋工作也相对减小了支撑处的阻滞影响。

5.6.4　防治片状离析

(1)增大摊铺机料斗

如图2.5.30所示,增大摊铺机料斗,减少收斗造成的大粒径物料集中产生的局部片状离析。

物料满埋螺旋,增加二次搅拌效果,加之大宽幅布料,使前期供给不匀的物料在大宽幅摊铺面上得以均布,避免片状离析(图2.5.31)。

图2.5.30　增大摊铺机料斗

图2.5.31　均布布料

(2)增加辅助卸料机构

液压伸缩推辊和倾翻灵活控制的辅助料斗与主料斗衔接配合,减小了料车后门形成的输料不畅,用最短的时间快速完成卸料工序,既防止了料车卸料抛撒,又提高了刮板输送效率,满足了大厚度一次摊铺作业对输料量的要求,同时由于辅料斗的前后收放,改善了卸料离析(图2.5.32)。

图2.5.32 辅助卸料机构

5.6.5 提高摊铺过程的平稳性和平整度

摊铺机是一种以作业质量为优先指标的作业机械,其作业质量指标分为摊铺均匀性(物料不离析)、密实度(保证碾压后的平整度)、平整度,而要实现这一质量指标,要求摊铺过程机器工况稳定。

(1)增大功率

大型摊铺机整机惯量大,工况稳定,对料车撞击等干扰抵抗力强,摊铺运行平稳。

(2)刮板料位比例控制

刮板料位比例控制,减少了由于通断控制频繁开关推拥形成的物料滚落离析。还能提高摊铺的平稳性,改善平整度。

(3)标准配置非接触式自动调平装置

非接触式自动调平装置俗称非接触式平衡梁,DT系列摊铺机采用进口原装非接触式平衡梁,可大大提高基层的平整度,同时有利于保证基层的厚度。

(4)进口非接触式料位控制系统

采用进口非接触式料位控制系统。

(5)高压实度熨平装置

双夯振捣+振动。振捣梁的频率、冲程和振动频率可根据摊铺材料合理选择,能够获得高的压实度。

参 考 文 献

[1] 张红春.骨架密实路面理论及配套施工技术[M].北京:人民交通出版社,2010.

[2] 沈金安.沥青及沥青混合料路用性能[M].北京:人民交通出版社,2001.

[3] 沈金安.国外沥青路面设计方法总汇[M].北京:人民交通出版社,2004.

[4] 贾渝,曹荣吉,李本京. Superpave Fundamentls Reference Manual 高性能沥青路面(Superpave)基础参考手册[M].北京:人民交通出版社,2005.

[5] 陈爱文,郝培文.应用贝雷法进行设计和检验级配[J].中外公路,2004 24(1).

[6] Laith Tashman, Eyad Masad, Bob Peterson, Habeeb Saleh. Internal Structure Analysis of Asphalt Mixes to Improve the Simulation of Superpave Gyratory Compaction to Field Conditions.

[7] Adam Hand, Granite Construction, Amy Epps. A Comparison of HMA Field Performance & Laboratory Volumetric Sensitivities . Texas A&M University, March 19, 2001.

[8] R. Michael Anderson, Donald W. Christensen, Ramon Bonaquist. Estimating the Rutting Potential of Asphalt Mixtures using Superpave Gyratory Compaction Properties and Indirect Tensile Strength. March 17-20, 2002.

[9] 刘中林.高等级公路沥青混凝土路面新技术[M].北京:人民交通出版社,2003.

责任编辑：赵瑞琴
文字编辑：闫吉维
封面设计：苏冀博达

ISBN 978-7-114-12651-2

9 787114 126512 >
定 价：28.00元